KB272007

반송 사람들

동네'에서 주민자치를 통한 보다 나은 지역 만들기, 새로운 희망 만들기의 소중한 실천 모델을 제시하고 있는 것이다. 화려한 구호나 실효성 없는 공약이 세상을 바꾸는 것이 아니라 내실 있는 구체적 실천 사례가 현실적 가능성의 실천적 검증으로서 대중을 움직이고 세상을 바꾸는 힘이기 때문이다. 반송의 사례는 살기 좋은 지역 만들기가 지역주민의 생활상의 절실한 요구에 따라 경제와 복지, 문화와 교육, 환경보전과 어메니티, 주민자치가 함께 어우러지는 지역공동체의 총체적 발전을 지향하는 것임을 잘 보여주고 있다. 주민이 동원과 집행의 대상이 아니라 주체적 참여와 의사결정의 주체이며, 스스로 학습하고 다양한 조직과 주민을 통합하여 지역사회의 미래를 계획하는 주체로 나서고 있으며, 지역운동의 바탕 위에서 저자가 주민의 대표로서 지방의원이 되어 의정활동의 모범을 보이며 주민자치-지역공동체 만들기 운동과 지방자치 활동을 연계시키고 있는 실천 모델이 주목되어야 할 것이다.

셋째로 이 책을 통해 주민대중의 노동과 생활상의 절실한 요구와 유리된 지금까지의 대다수 지역운동, 곧 관주도형, 기득권층 및 엘리트 주도형, 중앙정치 종속형의 주민운동이나 시민운동, 노동운동, 지역정치활동에 대한 비판적 반성과 성찰의 의미를 발견할 수 있을 것이다. 주민참여와 주민자치를 통한 지역공동체와

지방자치 만들기, 주민주체의 주민운동과 주민자치 중심의 새로
운 지역정치 만들기의 현실적 가능성과 그 원칙과 방법이 실천적
으로 제시되고 있기 때문이다.

넷째로 풀뿌리주민운동과 지방자치운동의 지도자로서 저자의
리더십을 주목할 필요가 있다. 지역과 주민에 대한 따뜻한 애정,
당면 문제와 관련한 폭넓고 깊이 있는 실사구시적 학습과 공론
화, 지역과 주민 속에 뿌리를 튼튼히 내리며 한걸음 앞서가는 창
조적 리더십, 풀뿌리민주주의에 대한 신념과 '주민의, 주민에 의
한, 주민을 위한' 원칙에의 충실, 꾸준한 끈기, 주민운동과 지방
의원활동의 유기적 연계 등 훌륭한 리더십을 보이고 있다. 그 무
엇보다도 저자 스스로 '희망은 곧 사람이었다'라고 역설하고 있
는 바, 돈이나 다른 어떤 것보다도 사람에게서 희망을 찾는 소중
한 리더십이 주목되어야 할 것이다. 좋은 사람이 좋은 세상을 만
들어가는 것이기 때문이다.

이 책이 좋은 세상을 만들어가고자 하는 좋은 사람들에게 좋은
희망을 줄 것으로 확신하며 머지않아 더 큰 희망을 만드는 사람
들의 모습을 기대한다.

살아온 경험도 짧은 내가 책을 쓴다는 것은 감히 상상도 하지 않았던 일이다. 심지어 예의에 어긋나는 행동이라 여겼다. 있다면 단지 어떤 형태로든 지난 활동들을 정리해야 한다는 막연한 부담감 정도였다.

불을 지핀 것은 산지니 출판사 강수걸 대표의 강력한 권유였다. 거기에다 지역 활동 경험에 대한 몇 차례 강연을 다니면서 지역 활동에 관심을 가진 사람들을 많이 만나고 토론을 하면서 느낀 것은 우리가 지역에서 활동한 경험이 매우 소중하며 비슷한 고민을 하는 사람들에게 도움이 될 수도 있겠다는 것이었다.

어느 날 강연을 하고 돌아오면서 문득 이런 생각을 하였다. '강의하는 내용을 순서대로 좀더 상세하게 정리하면 어떨까?' 이것이 이 책을 쓰게 된 동기이다.

요즘은 흔히 지역혁신, 지방분권, 파트너십, 거버넌스, 시민사회 등의 단어를 말한다. 그러나 우리가 처음 지역 활동을 시작한 1997년에는 별로 거론되지도 않았고 의미를 깊이 이해하지도 못한 수준이었다. 단지 지역사회 발전의 주체는 당연히 주민이 되어야 하고 그들이 스스로 힘을 모아 나설 때에만 지역문제가 해결될 수 있다는 확신뿐이었다. 한번 해보자는 각오 속에 진정 주민이 주체로 나서는 지역공동체를 건설하겠다는 거창한 목표를 세우고 계란으로 바위치기라는 우려를 뒤로 하고 오직 앞으로만 걸음을 내디뎠다.

첫 발걸음을 뗀 후 지금까지 약 9년 동안 우리 스스로에게 위안이 되었던 것은 주민들이 항상 우리를 믿어주었고 힘이 되어주었다는 사실이다. 그 생각만 하면 저절로 머리가 숙여지고 언제라도 땅에 엎드려 절을 하고 싶은 심정이다.

반송이란 조그만 마을에서 지금도 진행되고 있는 지역 자치활동은 앞으로도 더욱 발전해가리라 생각한다. 이미 여러 모범사례들을 실천해온 반송주민들은 주인다운 자각 속에 스스로 자신의 전망을 마련하고 힘차게 전진하고 있으며 이제 그들의 전진을 아무도 막을 수 없게 되었다.

따라서 이글은 중간보고서 성격을 가진다. 부족한 점들이 너무

나 많지만 그것이 부끄럽지는 않다. 매순간 우리는 항상 최선을 다해왔고 부족한 점은 우리의 한계였다. 그 부족분은 이 글을 읽는 독자들께서 함께 채워주기를 간절히 기대한다.

끝으로 지금까지 믿고 지지해주신 수많은 반송주민들께 진심으로 감사드린다. 그리고 함께 고생해온 희망세상 회원들, 주민자치위원님들, 각 단체 회원님들 그리고 수고해주신 여러 공무원들께도 지면을 빌어 감사드리고 싶다.

2005년 10월 고창권

차 례

"" 지역을 사랑한다는 것은 어려운 것이 아니다.
자신이 주체로 나서면, 아니 자신의 손때가 조금이라도
묻어 있다면 조금도 주저함 없이 사랑할 수 있다는
것을 아이들이 가르쳐주었다.

제1부

반송천에서 물장구치고 썰매 타고

어린 시절과 지역공동체

어린 시절

반송은 내가 초등학교 때부터 30여 년 동안 살아온 고향과 같은 곳이다. 부모님께서 시장통에서 가게를 하시고 집도 시장 가까이 있어 항상 장터의 활발함, 사람들의 북적거림 속에서 어린 시절을 보냈다. 그래서인지 지금도 시장을 둘러보는 것을 좋아하고 건강하게 살아있는 그 삶의 현장을 좋아한다.

어린 시절 동무들과 어울려 자연과 함께 놀기에 딱 좋은 곳이 반송이었다. 여름에는 발가벗고 목욕할 계곡이 어디든지 있고 비포장 버스길 옆 반송천 상류에서는 아이들이 속옷 바람으로 다이빙을 하는 풍경이 일상이었다. 겨울에는 얼어버린 미나리 밭에서 썰매를 타고 물에 빠져 젖은 양말을 말리느라 불을 피우기도 했다. 그런 추억어린 곳을 지금도 날마다 지나다닌다. 옆 동네 고촌이나 안평마을에서 뜰채를 맨 채 고기를 잡겠다고 논두렁을 건너던 소년들의 모습은 어느 시골에서나 흔히 볼 수 있는 풍경이었다.

그러나 철이 들고 상급학교에 진학하거나 직장을 찾기 위해 반송을 벗어나기만 하면 그렇게 싫어지는 곳이 또 반송이었다. 동네친구들은 다른 지역 사람들이 반송을 바라보는 시선을 가장 싫어했다. 그 눈길 속에는 따뜻함보다는 철거민동네, 촌동네, 못사

1970년대 반송천에서 머리감고 빨래하는 아이들

는 동네에 대한 무시가 녹아있었다.

어른이 되자 동네친구들 대부분은 반송을 벗어나고 싶어했고 직장이나 결혼 등으로 계기가 생기면 거의 반송을 떠났다. 대학을 졸업한 후 군복무를 마치고 병원을 개업하기 위해 반송에 돌아왔을 때 어릴 적 친구들은 거의 만날 수 없었다. 누구를 탓할 수도 없이 그것은 어두웠던 우리 현대사를 있는 그대로 반영한 현실이었다. 그것이 비단 반송만의 문제가 아니라는 것은 세상을 좀더 이해하게 된 후 깨달았다.

고향 '반송'에 돌아오다

1995년 8월 아내와 함께 조그만 의원을 개업하였다. 의원이름을 직원들과 의논하여 바다처럼 항상 깨어있자는 의미로 '해인'이라 하였다. 고향은 따뜻했다. 또한 이웃집 아줌마, 아저씨 얼굴에서 세월의 흔적만 보이지, 삶의 모습들은 예전과 꼭 같았다.

10년 전과 비교해 거의 변하지 않은 마을모습을 보고 나는 많은 생각을 하게 되었다. 10년이면 강산도 변한다는데 아파트만 많이 들어섰지 변화의 기운을 느끼기 어려웠다. 마음이 무거웠다. 5년 전 마을을 살리겠다고 폭발적으로 나섰던 주민들의 힘도 쉽게 찾아보기 힘들었다. 불편한 교통과 교육여건 때문에 형편이

나아지면 반송을 떠나려는 분위기도 여전했고 가라앉은 분위기를 떨쳐버릴 수가 없었다. 동시에 '지역'과 '주민'이란 단어가 항상 머릿속을 떠나지 않았다. 환자를 치료하는 동네의사로서 살아가는 것도 의미가 있겠지만 내가 자라온 고향에 대한 일종의 부채감을 애써 외면하는 것은 괴로운 일이었다. 조금이라도 마을발전을 위해 기여할 수 있어야 한다고 생각했다.

무엇을 할 수 있을까? 그러나 참고로 하거나 도움이 될 만한 어떤 것도 찾을 수 없었다. 막막했다. 당시에는 서울에서 일어난 94년 '우장산 살리기 운동'을 대표적인 지역운동 사례로 뽑을 수 있는 정도였다. 오래전부터 발생한 지역운동은 대부분 철거민 생존권운동으로서 사안별로 진행되는 경우가 많았으며 주민자치운동으로 진행되는 곳들은 그 경험을 배우기 힘들었다. 일단 지역 특성을 고려하여 모든 문제를 스스로 해결할 수밖에 없었다. 무엇보다 먼저 지역 활동의 필요성을 느끼는 사람들을 만나야했다. 사람, 결국은 사람이었다. 희망을 걸 곳은 사람밖에 없었다.

반송의 현대사

반송은 2005년 현재 행정구역상 1, 2, 3동으로 구분되어있고 인구는 총 6만 2천여 명 정도이다. 영산대학교 부산캠퍼스와 동

부산대학의 유동인구까지 포함하여 많을 때는 10만 명에 육박할 때도 있었지만 불편한 교통, 교육문제, 주차장이 부족한 주택지역 등의 문제로 인구가 지속적으로 감소했다.

최근 부산시의 발표에 따르면 지난 1999년부터 5년간 부산의 인구는 12만 186명이 줄어든 반면 경남 김해와 울산, 양산 등은 증가하고 있다. 이는 부산의 경기침체가 오래가면서 공장의 역외 이전이 가속화하고 있는데다 김해 양산지역에 신도시가 잇따라 만들어지고 있어 인구이동이 활발한 것도 우리 지역의 인구감소와 연관이 있을 것이다.

변화를 분석하고 시기를 구분하는 방법에는 여러 가지 기준이 있을 수 있다. 여기서는 공동체의식의 형성과 발전이란 관점에서 인위적인 구분을 시도한다.

2005년 반송 전경. 장산 자락에 아랫반송과 윗반송이 어우러져 있다.

1. 집단이주 이후 공동체의식 형성

반송이란 마을 이름은 키가 작고 가지가 사방으로 퍼져 자란 소나무가 많은 데서 유래했다는 설이 있고 땅속에 넓은 돌이 깔려있으며 송림이 울창하여 반송이라 했다는 설이 있는데 개인적으로는 '넓은 소나무 숲'이란 의미로 반송이란 마을이름을 사용하지 않았나 생각한다.

반송의 넓은 소나무 숲은 한국전쟁 이후 대부분 사라졌다. 부산지역의 땔감 대부분을 반송에서 공급하느라 무분별하게 벌목을 하였기 때문이다. 한국전쟁으로 수많은 피난민들이 부산 곳곳에 자리를 잡자 부산시는 도시계획을 세우면서 반송동, 반여동, 서동 등에 집단이주촌을 만들었다. 반송에는 1968년부터 1975년까지 수정동 고지대, 조방부지, 철도변의 철거민들이 집단으로 옮겨오면서 현재와 같은 마을의 기본틀이 만들어졌다. 사회기반시설이나 문화, 복지시설이 전혀 고려되지 않은 채 도심에 산재한 판잣집들을 없애야 한다는 생각으로 실시한 집단이주정책은 당시 부산시의 미숙하고 한치 앞을 내다보지 못한 정책이었다.

당시 주민들 사이에는 부산시의 변두리 지역으로 밀려났다는 소외감이 컸다. 그러나 반송의 한 골짜기를 표현한 '담안골'이란 이름처럼 마을 전체가 아담하게 산으로 둘러 싸여있어 서로 비슷한 처지에서 함께 생활하며 믿고 의지하는 공동체의식이 자연스럽게 싹트기 시작했다.

2. 화합과 단결된 공동체의식으로 발전

1984년 인근의 고촌마을에 건설하려던 화장장을 반대하는 운동을 시작으로 지역문제에 적극적으로 참여하기 시작한 주민들은 1989년 고촌 실로암 묘지 입구의 산업폐기물 매립장 반대운동을 벌여나갔다. 다양한 합법적 활동과 청원운동이 실패하자 마침내 집단행동으로 저항에 나섰다. 1990년 7월 중순 석대와 기장을 연결하는 국도 14호선을 1주일간 차단하고 전체 주민들이 참여하여 공동투쟁을 전개했다.

당시 나는 대학을 졸업한 후 군의학교를 마치고 거창에서 공중보건의사로 근무하던 때였다. 오랜만에 주말이라 가족들이 있는 집으로 돌아오던 중이었다. 모든 버스가 석대입구에서 되돌아가는 바람에 버스에서 내려 석대에서부터 반송까지 약 5km를 걸어오면서 충격적인 현장들을 목격하였다. 시내로 향하는 수많은 차량마다 가득히 올라탄 주민들, 최루탄가스에 대항하려 마스크로 무장한 채 구호를 외치며 주먹을 휘두르는 청년들, 빵과 우유 상자를 싣고 있는 차량들, 어디선가 본 듯한 장면들이 실제 눈앞에서 벌어지고 있었다. 더 이상 물러설 곳이 없는 대중들의 투쟁은 항상 비슷한 모습을 보이게 된다. 집단 이주정책 후 15년간 계속하여 소외당해온 주민들의 분노가 폭발한 것이다.

'앞에는 생활쓰레기 매립장, 뒤에는 산업쓰레기 매립장', '우리도 인간이다. 인간답게 살아보자' 라는 구호와 함께 투쟁은 계속되었다. 결국 부산시로부터 매립장 백지화 결정을 받아내면서 투쟁은 마무리되었고, 그 결과 지역을 기초로 하는 공고한 지역공동체 의식이 완성되었다.

주민들은 반송의 진정한 힘이 무엇이며 어디에 있는가를 똑똑히 목격하고 직접 체험함으로써 반송의 주인은 반송주민이며 주민들이 직접 나서면 못할 것이 없다는 교훈을 얻었다.

3. 자치활동에 기초한 지역공동체의 발전

반송은 주민자치활동과 자발적인 지역주민활동이 활발히 이루어지는 곳으로 손꼽히고 있다.

1995년 이후 6천 세대 규모의 많은 아파트단지가 세워짐에 따라 인구는 빠르게 늘어나기 시작하였다. 1996년의 준비기를 지나 1997년부터 지역 활동이 시작되었다. 주민들이 주체로 나서 살기 좋은 지역공동체를 만들겠다는 취지로 1998년 6월 '반송을 사랑하는 사람들' 이 정식 창립되어 본격적인 활동에 들어감에 따라 일상적인 지역 활동이 활발히 이루어지게 되었다. 또한 2001년 10월 반송1, 2, 3동 마을대표자들을 중심으로 반송지구 발전

협의회를 창립하면서 지하철 반송선 조기착공 등 지역의 중요한 현안사업들에 주민들이 적극적으로 참여함에 따라 자치활동에 기초한 지역공동체는 더욱 빠르게 발전했다. 몇 년 전부터는 주민자치위원회를 중심으로 지역 내 많은 단체가 모여 단결함에 따라 튼튼한 지역발전의 동력을 마련하였으며 다양한 지역 활동의 모범을 창조하고 있다.

지역 활동의 준비기, 1997년

소중한 사람들을 만나다

진료실은 의사와 환자가 만나 질병을 치료하는 곳이기도 하지만 그 과정에서 마을이야기나 살아온 이야기까지 서로 나눌 수 있는 마을사랑방 역할도 하였다. 허허벌판에 혼자 서있는 느낌일 때 사람들을 만나서인지 그 반가움은 말로 다 표현할 수 없었다.

1997년 봄 굽 높은 구두에 한창 멋을 부린 아가씨, 김혜정씨가 찾아왔다. 좋은 직장에서 일하며 얼마든지 편안히 생활할 수 있었는데 힘겨운 지역 활동을 과감히 선택한 것이다. 반송에서 지역 활동을 하다 지금의 남편을 만나고 연애도 하였다. 지금은 결혼하여 두 딸을 두고있는데 언제나 변함없이 열심히 일하고 있다. 지역 활동에 한결같은 애정과 정열을 쏟아 붓는 모습은 다른 회원들뿐만 아니라 지역주민들에게도 큰 믿음을 주고 있다. 김혜정씨는 우리 지역 활동에서 기둥과 같은 사람이다.

배순덕씨는 예전에 노동현장에서 열심히 일하다 남편을 만나 결혼하고 두 아들과 함께 반송에서 살고 있었다. 아이들 감기 때문에 우리 병원에 드나들던 배씨는 우리와 함께 일을 하게 되었고, 지역 활동을 통해 젊을 때의 열정을 되찾았다며 기뻐했다. 자신에게 항상 충실하고자 끊임없이 노력하는 사람이었고, 내가 힘들어 주저앉고 싶을 때마다 따끔히 충고하며 일으켜 세워주었다. 땀 흘려 일하던 노동현장을 항상 그리워했는데 그 기대가 이루어져 현장에 다시 돌아가 일을 하기도 하였다. 현재는 노동단체에서 상근자로 열심히 일하고 있다. 또 글쓰기를 좋아해서 시인으로서 시를 쓰는 일에도 게으름을 피우지 않는다.

마을에서 사명감을 가지고 열심히 일하던 사회복지사 이용태씨를 만난 것은 행운이었다. 1996년 병원 문을 연 지 얼마 되지 않아 이씨가 조그만 복사지를 들고 후원자가 되어달라고 찾아왔다. 복사지에는 '더부러소식'이라고 쓰여있었다. 혼자 '더부러소식'을 만들면서 소년소녀 가장들에게는 아버지 역할을, 홀로 계신 노인들에게는 자식 역할을 충실히 해오던, 영화배우처럼 잘생긴 공무원이었다. 축구를 좋아하여 가정형편이 어려운 아이들을 데리고 축구팀을 만들어 휴일이 되면 자주 공을 찼는데 한창 예민한 시기 청소년들에게 좋은 영향을 주었다.

이외에도 초창기 '반송을 사랑하는 사람들'을 창립하기 위해 모인 소중한 분들이 많았다. 한 분, 한 분을 떠올리면 하고싶은 말이 너무 많다. 그 소중한 분들을 만났기에 처음으로 시작하는 지역 활동에 용기를 내어 뛰어들 수 있었다. 어려울 때 만나 서로 믿고 격려하며 함께 일했던 수많은 사람들은 나의 인생에서 큰 전환점을 마련해주었다. 어떻게 사는 것이 가장 보람된 삶인가를 깨우쳐준 그분들을 아마 평생 잊지 못할 것이다.

더부러소식지를 마을소식지로

1997년 모임을 준비하던 시기에 주된 활동은 〈더부러소식〉을 펴내는 일이었다.

반송2동 사회복지사 이용태 씨는 마을의 가게주인들을 중심으로 '더부러회'라는 모임을 구성하고 매월 후원금을 모아 소년소녀 가장들에게 월 후원금을 지급하고 혼자 생활하시는 노인들에게 날마다 요구르트를 두 개씩 공급하는 일을 하고 있었다. 당시 반송 2동에는 영세민 아파트가 있어 25세대의 소년소녀 가장들, 88세대의 혼자 사는 노인들이 거주했는데, 이는 해운대구 전체 생활보호대상자(요즘은 기초생활수급권자라고 함)중 61.7%나 되었다. 따라서 정부지원금만으로는 한계가 있었고 지역주민들은 작은 정성을 모아 함께 어려움을 나누는 보람있는 활동을 하고 있었던 것이다.

〈더부러소식〉은 당시 '더부러회'가 활동한 내용을 소개하는 책자였는데 B5복사지를 반으로 접어 동네 어려운 사람들의 이야기를 간단히 적고 후원자 이름과 후원한 구체적 내용을 실었다. 형식은 볼품없지만 그 내용은 무엇보다도 알찬 것이었다. 〈더부러소식〉이라는 이름이 맞춤법에 맞지 않아 '더불어'라고 바꾸자는 의견도 있었지만 이미 고유명사가 되었다는 주장이 강하여 그대로 사용하였다.

1997년 1월호(21호)까지 발간하였을 때 기장군에 있는 이씨의 집을 찾아갔다. 소식지를 복사만 할 것이 아니라 마을사진도 넣고 꼭 알아야하는 마을소식도 실으면서 인쇄를 하여 보기 좋게 한번 만들어보자고 제안하였고 함께 의기투합하였다. 동시에 취재원도 모집하였다.

몇몇 주부들이 동참하고 만평을 맡은 어린 여학생도 참가하여 일주일에 한 번 편집회의를 하였다. 드디어 1997년 2월 마을전경 사진이 1면에 들어간, 복사가 아니라 인쇄 형태로 나온 첫 〈더부러소식〉을 발간하였다.

1면 마을소개, 2면 어려운 이웃이야기, 3면 마을소식, 4면 후

우리 반송 2동은요....

이웃이 많은 동네입니다. 11,057세대, 38,996명이나 되는 많은 분들이 옹기종기 모여 살고 있고 새로 짓는 아파트들에도 1,869세대가 입주할 예정이라는군요. 앞으로 지하철이 개통되고 교통이 더욱 좋아지면 반송은 부산에서도 손꼽히는 주거지역이 될 것 같습니다. 이렇게 많은 이웃들이 모여살다 보니 형편이 어려운 분들도 많은데요, 소년소녀가장(25세대)들이나 혼자 사시는 노인분(88세대)들을 비롯한 영세민들도 많은 것이 반송의 실정입니다. 생활보호대상자 1,125세대(3,198명)로 해운대구 전체의 61.7%정도를 이루고 있습니다.

없이사는 동네가 인심은 살아있다고들 합니다.

가진 것은 풍족하지 않더라도 더불어 함께 나누는, 마음만은 부자인 반송이 되기 위해 {더부러회}가 작은 힘이나마 보탤 수 있는 한해가 되기를 정축년 정월에 기원해봅니다. 〈 취재원: 김유정 〉

> 더부러회는 우리 이웃에게 작은 사랑을 나눔으로써 더불어 사는 사회를 만들기 위해 노력하는 지역 후원회입니다. 회원들의 작은 사랑은 우리 지역의 소년소녀가장, 혼자사시는 노인, 장애가정 등 도움이 필요한 이웃들에게 나누어집니다.

처음으로 인쇄 발행한 더부러소식. 더부러소식은 일년 후 마을신문 '반송사람들' 로 발전하였다.

원자현황의 내용으로 소박하게 만들었지만 두 달 후인 1997년 4월부터는 지면을 4면에서 8면으로 확대하였다. 마을 소식면을 확대하고 생활정보, 교육, 문화, 건강면을 추가 신설하여 내용을 더욱 알차게 꾸몄다. 이후 후원자는 계속 증가하였다.

후원자들의 후원회비는 전부 어려운 이웃을 돕는데 사용했다. 백혈병을 앓고 있는 소녀가장을 돕고, 대학에 합격하고도 가정형편이 어려워 입학을 포기한 학생에게 등록금의 일부를 지원하기도 했다.

달마다 지출내역을 소식지에 상세히 실었으며 인쇄비용은 스스로 해결하였다. 이것은 원칙이었다. 소식지가 4면에서 8면으로 증가하자 인쇄비용이 꼭 두 배로 늘어나면서 경제적 부담이 커졌다. 할 수 없이 크기에 따라 3~5만 원 정도의 광고비를 받아 소식지 인쇄비용으로 충당하기도 하였지만, 이는 전체 비용의 30%를 넘지 못하였다. 아이엠에프(IMF)로 인해 국가경제가 어려워지고 엄청난 실직자가 발생하면서 재정적 어려움은 계속되었다.

(단위 : 천원)

월	97년 1월	2월	3월	4월	5월	6월	7월	9월	12월	98년 1월	2월	3월
후원금	983	1,088	1,122	1,126	1,239	1,258	1,344	1,488	1,588	1,529	1,440	2,236

〈표〉 더부러소식지를 인쇄 발행한 후 후원금 증가상황

제1회 반송주민 한마당
– 반송성당 청년들을 만나 첫 마을행사를 진행

1997년 8월 15일 반송성당에서 열린 마을 행사는 반송성당 청년부와 힘을 합쳐 함께 진행한 사업이었다. 그때는 1994년부터 거듭된 수해, 냉해 등으로 어려움을 겪고 있는 북의 동포들에게 작은 사랑을 나누는 실천이 필요하다는 생각으로 사회적 운동이 활발하던 시기였다. 약이 없어 치료를 제대로 받지 못하는 북한 어린이들에게 보낼 의약품을 마련하기 위해 조그만 주민잔치를 마련하였고 반송동 약사회와 의사회가 후원하기도 하였다.

단체도 구성되지 않은 상태에서 지역 행사를 주최하는 것은 여간 어려운 일이 아니었다. 다행히 성당 신부님께서 많은 관심과 지지를 보내주셨고, 성당 청년들을 만나서 함께 해보자고 의견을 모았다.

반송주민이면 누구나 참가하는 노래자랑도 열고 택견 시연, 사물놀이도 열렸다. 북녘 동포들의 어려움을 함께 체험해 보자는 뜻에서 옥수수죽, 삶은 감자를 먹는 기회도 마련하였다. 백화점에서 전시되는 북쪽 그림과 수예품을 전시하였으며 유아예술연구회의 개량한복 판매가 인기를 끌었다. 450여 명의 주민들이 참가하여 성황리에 마무리된 행사는 수익금과 후원금이 2백만 원을 넘어 모금운동을 하는 신문사에 전달하였다.

이 행사는 성당 청년들과 함께 마을문제를 의논하는 계기가 되었고 이후 어린이날 행사도 함께 준비하게 되었다.

지역의 참소리를 만드는 여성교실

1997년 초부터 소식지를 발간하기 위한 편집활동을 하던 중 전문성을 높여야한다는 회원들의 요구가 있어 언론강좌를 준비하였다. '지역의 참소리를 만드는 여성교실'이란 제목으로 주부대상 언론강좌를 열었다. 지역의 특성상 낮에 지역 활동을 함께 할 사람, 특히 여성, 주부회원들의 참여가 절실하였다. 우선 모여서 이야기를 할 수 있는 계기가 있어야 했다. 11월에 매주 화요일 오전 4회 강좌를 마련하고 여성단체에서 강사를 초빙하였다. '반송을 사랑하는 사람들'이란 이름을 이때 처음으로 사용하였다. 강의할 공간도 제대로 없어 학생들이 학교에 있는 시간 비어있는 학원 강의실을 빌려서 진행하였다. 이때 만난 사람들이 초창기 회원으로서 참여를 많이 하였고 고생도 함께 하였다.

'반송을 사랑하는 사람들' 첫걸음을 내딛다.

'반송을 사랑하는 사람들' 창립 1주년 정기총회

지역의 여러 특수한 상황을 고려해볼 때 반송 사람들이 마을을 사랑하는 마음으로 지역 활동에 적극 나서야 마을발전이 가능하다는 생각이 들었다. 회원들이 함께 의논하여 '반송을 사랑하는 사람들'이라는 꽤 긴 이름의 단체가 탄생했다. 줄여서 '반사사'라고 부르기로 하였다. 어떤 분들은 당신들만 반송을 사랑하느냐며 항의어린 질문을 해오기도 하였지만 반송을 사랑하기 위해 노력하려는 의지의 표현이라고 이해를 구하고 역시 반송을 사랑하신다면 함께 하자고 권하기도 하였다.

반송시장과 가까운 주택가 2층에 조그만 사무실을 마련하였다. 사무실을 마련한다는 설렘 속에 회원들은 청소를 하고, 모두 머리에 수건을 두른 채 붓을 들고 페인트도 칠하고, 벽지도 발랐다. 사무용품은 부산시내를 수소문하여 각 단체나 사무실에서 사용하지 않는 물품들을 모았다. 책상과 의자, 낡은 소파로 간단히 꾸린 뒤 1998년 3월 사무실을 열었다.

회칙도 마련하고, 기본 활동내용이 어느 정도 마련된 6월에 창립총회를 열게 되었다.

1998년 6월 27일. 반사사 창립 총회

벽에 창립총회를 알리는 홍보물과 총회순서를 간단히 적고 의자를 십여 개 놓은 것이 창립총회 준비의 전부였다. 열 명도 채 되지 않는 회원들과 인근 주민들이 참가하여 떡과 과일을 준비하고 조촐한 자축행사도 열었다. 형식에 얽매이지 않기로 하여 행사는 매우 소박하였지만 우리의 각오는 대단하였다. 주민이 주인으로, 주체로 나설 수 있는 마을을 만들어 정말 살기 좋은 반송을 한번 만들어 보자고 결심하며 서로를 축하하고 격려하였다. 이후 반송에서 반사사를 모르면 이상하다고 할 정도로 유명해진 반사사의 첫걸음은 이렇게 조용했지만 힘이 있었다.

지역 활동의 시작,
마을신문 '반송사람들'

느낀 만큼 실천할 수 있다

당시 인기 있던 책 「나의 문화유산답사기」에서 유홍준씨는 이런 말을 했다.

인간이 간직할 수 있는 아름다움의 범주는 거의 무한대로 넓혀져 있다. 그 아름다움은 시각적 즐거움에서 비롯되는 자연미, 예술미뿐만 아니라 자못 이지적인 사색을 동반하는 문화미이기도 하다.

자연의 아름다움이란 우리가 늘상 시각적으로 경험하고 있는

대상이기에 별다른 설명 없이도 간취할 수 있다. 그러나 예술미
라는 인공적 아름다움과 문화미라는 정신적 가치는 그 나름의 훈
련과 지식 없이 쉽게 잡아낼 수 있는 것이 아니다. 그런 의미에서
사람은 "아는 만큼 느낀다"고 할 수 있다.

정말 가슴에 와 닿는 말이었다. 아는 만큼 느끼고, 느끼는 만큼
실천할 수 있다. 일단 주민들이 마을 발전의 주체로 나서기 위해
서는 마을의 형편을 잘 알고, 어떤 문제든 자신의 문제로 절실히
느낄 때 실천으로 나아갈 수 있다. 스스로도 30년을 살아왔지만
지역문제가 무엇인가하고 물으면 답하기가 쉽지 않았다. 나 자신
부터 지역을 잘 알아야 했다. 이 문제를 해결하는데 아주 유용했
던 것이 바로 마을신문이었다. 1997년 초부터 시작된 더부러소식
지 편집활동으로 마을소식을 얻기 위해서는 주민들의 목소리에
귀를 기울여야 했다. 몸을 기울여 귀를 쫑긋 세우면 주민들의 목
소리가 더욱 뚜렷하게 들렸다.

더부러소식지가 마을신문 '반송사람들' 로 발전

더부러소식지는 1998년 5월(36호)까지 일 년 이상 계속 발간
하였다. 1998년 6월(37호)부터는 지역소식과 주민들의 살아있는

목소리를 좀더 생생하게 담아내고자 마을신문으로서의 성격을 확대하여 '반송사람들'이란 이름으로 바꾸고, 타블로이드판 4면 신문으로 펴냈다. 반송2동에만 돌리던 것을 7월(38호)부터는 반송1, 2, 3동 전지역으로 확대 배포하였다.

주로 주부회원들로 구성된 편집부 활동은 매월 기획회의, 기사 작성, 교정 및 인쇄, 배포까지 긴장된 활동의 연속이었다. 회원들은 한 달이 너무 빨리 돌아온다고 호소하기도 했다.

'반송사람들'은 고발성 기사나 정치적 기사보다는 마을 사람들의 살아가는 이야기, 교육, 문화에 대한 문제, 중요한 마을소식 등을 주로 다루었다. 마을에 대한 주민의 자긍심을 높이고 더불어 살아가는 공동체의식을 높여가는 것이 중요하다고 생각했기 때문이다.

재정적인 어려움은 항상 있었지만 힘들게 만든 신문을 어떻게 주민들의 손에 정확히 전달하느냐하는 배포문제가 또 다른 어려움이었다. 처음에는 한두 회원들이 후원자를 중심으로 아파트에 배부하였으나 낯선 단체에 대한 장벽은 높았다. 광고지로 인식되어 외면당한 것이 한두 번이 아니며 뭉치로 쓰레기통에서 발견된 적도 있었다. 그래서 마을의 통장님들이나 각 아파트 운영협의회 협조를 구하기도 하고, 배포할 때 근무하는 경비원에게 마을신문을 이해시키느라 많은 시간을 할애해야했다. 상가나 약국, 의원 등에 지정 배부처를 정하여 꾸준히 배포하였는데 발행부수가 2

천 부에서 4천 부로 늘어나자 감당하기 어려웠다. 그래서 마을 통장님들께 부탁하여 반상회 때 집중 배포하기도 하였다.

이후 부수도 6천 부까지 늘어나고 배포지역도 반송1, 3동까지 확대되자 발행시기를 반상회 때와 맞추는 것이 여간 어렵지 않아 회원들이 직접 배포하기 시작하였다.

신문배포전투 – 지역 활동의 원동력

달마다 마을신문 '반송사람들'이 인쇄되어 사무실에 도착하면 그날은 '야간전투'가 벌어지는 날이다.

퇴근한 후 저녁에 모일 수 있는 모든 회원들을 총동원한다. 회원들 자녀 중에서 초등학교 고학년 이상은 모두 모인다. 요즘은 인쇄소에서 반으로 접어서 보내주지만 그때만해도 약 한 시간 정도는 배포하기 좋게 1/2, 1/4크기로 모두 접어야했다. 모든 사람들은 사무실 상근자의 지시에 따라 각자 알아서 손에 무기를 찾아 쥔다. 신문을 접을 때 쓰는 긴 자, 물컵, 두꺼운 펜 등을 들고 일을 나누어 수천 부의 신문을 재빠르게 접고 조를 짜서 지역을 정하여 배포작전에 임한다. 대부분 주민들이 퇴근하여 가족과 함께 저녁을 먹고 단란한 시간을 보낼 때 피곤한 몸을 이끌고 신문을 돌리는 일은 쉽지 않았다. 신문이 젖을까봐 비 오는 날을 빼고

2005.9 / 114호

반송사람들

발행·편집 : 희망세상　주소 : 해운대구 반송2동 주공아파트 상가(나동) 2층 201호　전화 : 542-1295　FAX : 542-1590　홈페이지 : 희망꽃세상 (www.sesang.or.kr)

"아빠와 아이랑 마음 맞추기"

우리 아이에 대해서, 또 우리 부모님에 대해서 얼마나 알고 있는지요?
가족 간에도 작은 관심이 사랑의 기본가 됩니다.

아빠와의 캠프에서 '도전! 가족골든벨' 에 열중인 참가자들

한 여름밤의 문화거리 축제

반송3동 주민자치위원회에서는 올해 4월부터 반송지역을 새롭게 바꾸기 위해 추진하고 있는 '반송을세우자' 지역혁신운동의 붐을 조성하기 위해 "한 여름밤의 문화거리 축제"를 개최했다. 동사무소 광고라 주변에는 반송의 옛 사진과 관내 초등학생(운봉초교, 송운초교)들이 그린 우리마을 그림 90점과 야생화 100점이 함께 전시되었고, 저녁 7시부터는 힙합댄스, 사남춤, 풍물공연, 색소폰 라이브 공연 등의 문화행사가 많은 주민들의 참여한 가운데 함께 진행 되었다.

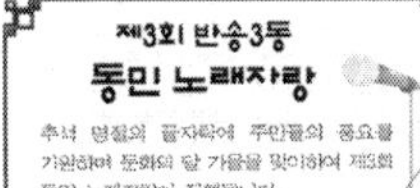

추석 명절의 끝자락에 주민들의 중요를 기원하며 문화의 달 가을을 맞이하여 제3회 동민 노래자랑이 진행됩니다.
· 일시 : 2005. 9. 24 토요일 저녁 6:30
· 장소 : 영산대학 잔디광장
· 문의 : 반송3동 사무소(749-5981)
※ 비오면 영산대학 대강당에서 진행합니다.

반송3동 주민자치센타 활동

1) 웰빙! 야외 생활 리듬체조

반송3동 자치센타에서는 지역주민과 청소년들의 체력단련과 건전한 여가 선용을 위해 야외 생활리듬체조를 운영하고 있다. 누구나 손쉽게 참여 할 수 있어 주민들에게 좋은 호응을 얻고 있으며 영산대학에서 장소를 제공하고 저녁시간을 이용하여 산책을 나온 주민들의 건강증진에 많은 도움을 주고 있다. 뿐만 아니라 지역에 대한 인식변화와 지역공동체 활성화에 큰 역할을 하고 있다. 매주 토, 일요일 일몰 후 1시간 씩 진행되고 있으며 여름양 요즘은 저녁 8:30시에 운영되고 있고 고정 참가인원이 100 여명으로 주민들의 유대강화가 자연스럽게 이뤄지고 있다.

2) "생태자연학습장" 조성 및 자연체험 프로그램 운영

반송3동 주민자치센타에서는 환경학습도시 사업과 연계하여 반송3동 체육공원 내 10,000여 본의 난(蘭)과 200 여종의 야생화 군락지로 "자연생태 학습장"을 조성하고 이를 활용한 자연체험 프로그램을 운영하고 있다. 자연교육지도사를 초빙하여 반송지역 초등생 및 유치부 어린아들에게 우리지역 자연의 소중함과 자긍심을 고취하는 활동을 넓히고 있어 좋은 반응을 보이고 있다.

반송도서관 2005년 9월
독서의 달 행사안내

가을의 향기~ 책의 향기~
읽고 싶은 책, 만나고 싶은 사람,
알고 싶은 이야기, 이 모든 것을
도서관에서 찾아보세요.

1) 우리역사책 읽기 & 우수독서기록장 모집 및 시상
· 일　시 : 9. 1 ~ 9. 30
· 모집기간 : 9. 13 (화) ~ 9. 16 (금)
· 장　소 : 반송 도서관
· 대　상 : 초등학생
· 내　용 : 좋은 우리 역사책 목록 1,000부 배부, 독서기록장 모집 및 우수작품 시상 10명

2) 독도 자료·사진전
· 일시 : 9. 6 (화) ~ 9. 16(금)
· 장소 : 반송 도서관 현관 로비
· 대상 : 관내 이용자
· 내용 : 독도관련 사진 및 자료를 전시하여 우리 땅 독도의 소중함을 알게 하고 독도사랑 정신을 일깨워줌

3) 가족사랑 문화예술체험
· 일시 : 9. 25 (일)
· 장소 : 해운대 아쿠아리움
· 대상 : 관내 공부방 아동 50명
· 내용 : 지역사회 현장학습 및 문화예술체험

4) 유아 책사랑체험학습
· 일시 : 9. 1 ~ 9. 30
· 장소 : 어린이실
· 대상 : 취학 전 어린이 100명
· 내용 : 도서관 즐겁게 이용하기, 동화구연, 그림책 읽기

5) 어린이 인형극 공연
· 일시 : 9. 29 (목) 11:00
· 장소 : 반송종합사회복지관 2층 대강당
· 대상 : 취학 전 어린이 300명
· 내용 : '나무꾼과 도끼' 공연, 마술, 동화구연, 레크레이션

6) 어린이 독서퀴즈대회
· 일시 : 9. 30 (토) (추첨일 : 9. 24(토) 15:00)
· 장소 : 어린이실
· 대상 : 초등학생
· 내용 : 정답자 추첨 5명 시상

7) 다독자 시상 및 이용자와의 간담회
· 일시 : 9. 22 (목) 16:00
· 장소 : 관장실
· 대상 : 반송 도서관 독서회원
· 내용 : 최다독회원 5명 시상, 이용자와의 간담회 개최

※※ 문의 반송도서관 자료봉사과 (545-0103) 박 미자

마을신문 '반송사람들'. '더부러소식' 에서 출발한 마을신문은 현재 114호까지 발행되었다.

퇴근 후 저녁에 모여 신문을 접고 있는 회원들

는 추운 날이든, 더운 날이든 개의치 않았다.

이런 실천 활동이 한 마을에서 수년간 지역 활동을 해올 수 있는 원동력이 되었다는 사실은 시간이 훨씬 지난 다음에야 깨달았다. 2005년 9월 현재 '반송사람들'은 114호까지 발행되었고 모든 회원들이 시인이 되고 작가가 되었으며 지역 활동의 간부가 되었다.

'반송사람들'은 현재 마을신문으로 뿌리를 내렸다고 생각한다. 한 단체가 지역에서 8년 동안 달마다 꾸준히 마을신문을 제작하여 펴내는 것은 정말 쉬운 일이 아니다. 회비가 적을 때는 신문을 만들고 나면 사무실 전화요금도 제대로 내지 못한 적도 있었다. 몇 번은 돈이 없어 신문을 펴내지 못한 적도 있었지만 결코 포기하지 않았다. 요즘은 신문을 돌리다보면 기다리는 주민도 많고 골목을 누비면 반갑게 맞아주기도 한다. 그리고 광고를 내겠다는 분도 많고 기사를 실어달라는 분도 많다. 그래서 더 보람을 느낀다.

<칼럼> 오늘도 신문을 들고 골목길을 달린다
– 마을신문 반송사람들 100호 발행을 축하하며

반송2동 고창권

겨드랑이에 꽉 찬 신문뭉치가 혹시 한 장이라도 떨어질까 신경 쓰며 가쁜 숨을 몰아쉬며 달린다. 우편함이 있으면 우편함에, 연립주택은 한 집 건너, 우편물이 쌓여있는 곳은 피한다. 우편함이 없는 일반 주택은 문틈 사이로 잘 접어 넣어야하기에 상대적으로 조금 더 힘이 든다. 특히 개가 '으르렁' 거리거나 온 골목이 떠나갈 듯 짖어대면 뒤도 돌아보지 않고 뛰어야 한다. (중략) 전국적으로 볼 때 100호까지 발행된 마을신문은 그리 많지 않다. 제일 어려운 문제는 당연히 재정문제일 것이다. 따로 광고수입이 없는 조건에서 매달 마을신문을 만들어내는 것은 여간 어려운 일이 아니다. 36면의 일간지가 거의 모든 지면에 광고가 있고 게다가 전면광고가 전체 면 수의 1/4정도를 차지하는 것에 비하면 마을신문 100호 발행자체는 다른 것을 떠나 이미 큰일을 해낸 것이다. 편집활동도 자원봉사고 신문배포도 역시 자원봉사다. 편집에서 배포까지 자원봉사자는 평균 20여 명이 넘고 낮에는 직장에서 일하거나 부업을 하고 밤에 모여서 편집활동도 하고 배포도 한다. 집집마다 단란한 가정의 웃음소리가 들리는 그 시간, 직장에서 지친 피곤한 몸을 편히 쉬고 싶다는 생각이 왜 없겠는가? 옳은 일이며 마을발전을 위해 우리가 해야 한다는 자각이 없었다면 도저히 불가능한 일이다. 매달 펴낸 100호의 신문발행 역사가 이미 마을의 역사가 되었고 편집과 배포활동 자체가 지역 활동을 창조하는 일이 되었다.

마라톤 영웅 에밀 자토펙은 '아픔과 고통의 경계를 넘어설 때 아이가 진정한 어른이 된다'고 말했는데, 이 표현처럼 마을신문 '100호 발행'이라는 경계를 넘어가는 것이 더 성숙하고 발전된 마을신문으로의 시작이 되기를 희망한다. 그리하여 주민들의 목소리를 진솔하게 전달하고 속을 시원하게 긁어주는 역할, 그러면서 전체 주민들이 단결하고 화합할 수 있도록 마을신문이 제 몫을 다해야 할 것이다.

마을신문 100호 발행까지 도움을 주신 모든 분들께 감사 인사를 전하며 주민이 마을의 주인이 되고 그 주인을 위한 마을신문이 되기 위해 끊임없이 노력해주길 당부한다.

- 2004년 3월 반송사람들 100호 특집호에서

빈 벽에 그리는 희망, 벽화그리기

더부러소식지를 달마다 발행하기 위해 마을소식을 찾아 나선 1997년 약 1년 동안 지역 활동의 기초가 마련되었다. 특히 지역 활동의 모범적인 사례가 마련된 것은 벽화그리기를 통해서다.

더불어 만드는 살기 좋은 반송 – 벽화 1호

1997년 5월에는 새롭게 만들어진 반송2동 부산은행 옆 산복도로 옹벽이 너무 차갑고 지저분해 보여 주민들의 작은 손길을 모아 화사하고 멋진 그림을 그려보자고 제안하게 되었다. 그곳은

넘게 사진을 찍었다. 그러나 정작 방송에는 국수를 가져오는 장면이 나오지 않아 실망이 컸다.

우리가 직접 그려보자 – 벽화2호

벽화제작을 옆에서 바라본 회원들은 한번 해볼 만하다는 자신감이 생겼다. 그림이 약간 엉성하더라도 우리가 직접 그려보자고 결심하였다. 1998년 10월 반송1동 진입로에 위치한 반송천 맞은편 낮은 옹벽을 그 대상으로 선정하였다. 이곳은 반송마을 입구에 있어서 차를 타고 반송에 들어서면 처음 마주치는 곳이다. 길이는 90미터로 오랫동안 차량에서 나온 먼지와 이끼가 끼어 새까맣게 변해있었다.

회원들은 도안을 위해 부산시내에 있는 모든 벽화를 사진으로 찍어와 비교분석하였고 동네에 있는 미술학원 등을 다니며 도움말을 듣기도 했다. 결국 내용을 어린이 옛이야기로 결정하였다. '해님 달님', '흥부와 놀부', '선녀와 나무꾼', '혹부리 영감', '견우 직녀' 등 다섯 개의 옛이야기 가운데 주요장면을 모아 90미터 벽을 다섯 개로 나누었다. 그리고 마을신문 '반송사람들' 에 기사를 내어 가족단위 참가자를 모집하였다.

10월 25일 회원들이 벽면을 청소하고 바탕색을 칠해서 깨끗하

게 만들었다. 그림을 그리는 11월 15일에는 25가족 50여 명이 참
가하여 단 하루 만에 그림을 완성시켰다. 비용은 순전히 페인트
값만 들었다. 붓은 참가자들이 스스로 준비했다. 우리가 직접 그
림을 그렸다는 자부심도 컸지만 수십 명의 주민들이 도로변에 늘
어서 벽화를 그리는 장면 또한 장관이었다. 지나가던 차량도 천
천히 달리면서 '보기좋다', '수고한다'는 격려인사를 해주었고,
우리는 더욱 힘이 났다. 벽화 2호의 완성으로 '반송을 사랑하는
사람들'은 반송지역에서 일약 스타로 떠올랐다. 벽화 1호와 비교
할 때 큰 차이가 났다. 벽화의 완성도는 떨어지지만 벽화제작에
참가한 아이들은 그 길을 지나갈 때마다 벽화를 가리키며 기뻐서
어쩔 줄 몰랐다. '저기 해님 달님 호랑이를 제가 그렸어요!', '혹
부리 영감 혹은 우리 아빠가 그렸어요.' 벽화에 대한 애정이 대단
하였다.

지역을 사랑한다는 것은 어려운 것이 아니다. 자신이 주체로
나서면, 아니 자신의 손때가 조금이라도 묻어 있다면 조금도 주
저함 없이 사랑할 수 있다는 것을 아이들이 가르쳐주었다. 또한
지역 활동의 새로운 형식을 창조하였다. 전문가도, 경험도 없었
지만 회원들이 직접 해보자는 마음이 모이니 안될 것이 없었다.
지역의 모든 활동은 돈의 문제가 아니라 활동 주체인 사람의 문
제라는 것이다. 지역 활동은 당연히 주민들이 주체로 나서야하고
주민들이 주체로 나서면 못할 일이 없다는 교훈을 얻었다.

1999년 벽화 3호. 반송2동 어린이 놀이터에서 참가한 가족들이 밑그림에 색을 칠하고 있다.

놀이공간도 깨끗하게 – 벽화 3호

자신감이 붙은 반사사 회원들은 이제 빈 벽만 보면 가만히 앉아 있을 수가 없었다. 마을회관을 짓기 위해 오랫동안 손길이 줄어들어 황폐해진 반송2동 어린이 놀이터가 그 대상이었다. 새로 지을 때 짓더라도 우리 마을 아이들에게 조금이라도 아름다운 환경을 만들어주자는 결심으로 1999년 10월 10일 회원들은 또다시 페인트를 들고 나섰다. 반나절 만에 꽃과 동물들을 주제로 한 그림을 완성하였고, 달마다 해오던 놀이터 청소는 마을 회관이 세워지기 전까지 더욱 힘 있게 진행하였다.

놀이터는 모두 책임지자 – 벽화 4호

2000년 11월 또 다시 붓을 들었다. 장소는 반송1동 어린이놀이
터. 반송시립도서관 바로 뒷벽을 이루는 반송1동 어린이놀이터는
햇볕이 잘 들지 않아 어둡고 시설도 형편없었으며 벽은 낙서로
뒤덮여 있었다. 반송1,3동 지역에 하나밖에 없는 놀이터라 어린
이들이 많이 놀러왔다. 여기에 밑칠을 미리 하고 전래동화인 콩
쥐 팥쥐의 내용을 주제로 희망을 그려 넣었다.

우리 마을 지킴이단 – 벽화 5호

우리 마을 반송으로 아시안게임 성화가 지나가게 되었다.
1998년 10월에 주민들이 처음으로 직접 나서서 그린 벽화2호가
몇 년이 지나자 때도 묻고 지저분해졌다. 그 사이 청소도 하였지
만 페인트의 수명에는 한계가 있었다. 주민들은 부산의 큰 행사
였던 아시안게임의 성공을 기리는 마음에서 성화가 지나가는 곳
에 그려진 벽화를 다시 그려 넣어야겠다고 생각하였다. 더구나
벽화 2호가 완성된 후 바로 옆 절개지 옹벽에 구청에서 공공근로
사업으로 그림을 그렸는데 그것 역시 지저분해져 있었다. 이참에
두 군데를 함께 포함하여 통 크게 그리기로 하였다. 면적이 거의

2002년 벽화 5호. 사계절 놀이문화를 주제로 희망을 그려 넣었다.

두 배로 늘어났고 회원들도 많이 지쳐있었지만 벽화그리기는 이제 결심만 하면 어떤 어려움도 이겨낼 수 있었다. 힘들고 어려울 때 항상 주민들에게 의지하였다. 이번에는 거리에 직접 나가서 벽화계획을 홍보하고 가족단위로 우리 마을을 예쁘게 꾸미고 마을 일에 앞장설 수 있도록 '우리 마을 지킴이단' 이름으로 신청을 받았다. 옛날 아이들의 사계절 놀이문화를 주제로 도안을 준비하여 2002년 3월 24일 벽화 5호를 탄생시켰다. 이때 참가한 가족들과 '야생화학습장 가꾸기', '우리 마을 뒷산 등산로 나무에 이름 달아주기' 행사도 함께 하였다.

이틀이 걸린 최고의 걸작 – 벽화 6호

운송초등학교 담벼락은 워낙 길고 높아 지금까지 그린 벽화 중에서 가장 큰 작품이었고 완성도도 높았다. 2002년 8월 25일과 26일 이틀 동안 역시 반송주민들과 중학교 자원봉사자들과 함께 전통문양과 마을을 지키는 도깨비형상을 그려 완성하였다. 벽화를 제작할 때 항상 벽면청소와 밑칠은 미리 하였지만 본 그림을 이틀 동안 그린 것은 처음이었다. 아빠회원 몇 명은 둘째 날에 회사에 휴가를 내고 참가하기도 하였다. 특히 그동안 수성페인트가 그리 오래가지 않는다는 평가 속에 유성페인트를 사용하다보니 비용도 더 들고 그리기도 좀더 어려웠다. 그러나 벽화를 완성한 후 가장 좋아한 사람들은 날마다 등하교하는 초등학교 학생들이었다. 교장선생님께서도 매우 기뻐하셨다. 학부모들도 약간 어둡고 침침한 분위기의 등교길이 너무 밝아졌다며 기뻐하고 그 도로가 약간 곡선이라 속도를 내어 달리는 차량 때문에 항상 불안하였는데 밝아진 벽화로 차량 속도도 줄어든 것 같다고 좋아했다.

그림은 직접 그려야 합니다

더 이상 우리 마을에는 벽화를 그릴 만한 빈 벽이 남지 않았다.

곳곳에서 벽화를 그려달라는 연락이 왔다. 부산시내 학교, 파출소, 동사무소, 마을단체 등에서 지나가다 벽화를 보고 전화한다며 비용과 수고비를 드릴 테니 벽화를 그려달라고 했다. 그러면 상근자는 벽화그리기의 취지와 지나온 경험을 차분히 설명해준다. '우리는 벽화를 그리는 전문가들이 아니다. 우리 마을 벽화는 우리 마을 주민들이 직접 그린 것이고 직접 그려야 애정이 생기고, 자부심이 생긴다. 그럴 때만이 벽화는 의미를 가질 수 있다. 우리의 경험이 도움이 된다면 도와드리겠지만 그림은 직접 그려야한다'고 설명하면 대부분의 사람들은 한번 직접 도전해보겠다며 각오를 다진다.

벽화의 유일한 단점은 영구적이지 않다는 것이다. 최근에는 페인트수명에 한계가 있는 것을 보완하여 그림이 그려진 타일제작으로 변해가고 있다. 타일은 영구적이라 할 수 있다. 그러나 비용이 많이 들 뿐만 아니라 주민들이 직접 참가하는 진짜 맛을 살리기 어렵다. 주민들이 결심하여 준비하면 그 성과가 눈에 뚜렷이 나타난다. 이렇게 효과적인 지역사업은 없다고 생각한다.

날씨가 선선한 봄, 가을 일요일에 주민들이 아이들 손을 잡고 모두 참가하여 마을을 아름답게 만들어가는 모습은 언제나 생각만 해도 마음이 따뜻해진다. 아직도 차를 타고 지나갈 때나 다른 마을을 방문하였다가 빈 벽만 보면 동네사람들과 함께 붓을 들고 그림을 그리고 싶은 욕구가 솟구치는 것을 억누를 수가 없다.

"" 무엇이든 꾸준히 하는 것이 지역 활동에서는 매우 중요하며
해를 거듭할 때마다 경험이 축적되면 질적 변화가 생기기 마련이다.
따라서 지역 활동은 긴 호흡법을 배우는 과정이라 생각한다.

요구가 있으면 무엇이든 시작하자

반사사의 여러 가지 소모임 활동

1997년의 준비기간을 거쳐서 1998년부터는 다양한 소모임 활동을 시작하였다. 특히 3월 반사사 사무실 개소를 계기로 소모임 활동은 더욱 활발히 이루어졌다.

푸른하늘 공부방 – 갈 곳 없는 아이들은 공부방으로 오라

1998년 3월 사무실을 열면서 오후 시간에는 그 공간에 공부방을 열었다. 공부방의 목표는 방과 후 특별히 갈 곳 없는 아이들을 '자기 삶의 주체로 설 수 있는 아이'로 바르고 건강하게 키우기

1998년 푸른하늘 공부방에서 수업하는 아이들

위함이었다. 맞벌이 부모 자녀들에게 무료로 학과공부를 가르치고, 나이별로 독서지도나 야외학습을 하였다. 그밖에도 공동체의식 함양, 창의력 개발을 위해 다양한 내용을 준비하여 성의를 다하였다.

이렇게 시작한 공부방은 방학 때는 아이들을 위한 다양한 프로그램으로 방학교실을 마련하였다. 겨울에는 초등학교 입학생들이 학교생활에 잘 적응할 수 있도록 예비 학교를 한 달 정도 열어 놀이를 통한 체험교실을 재미있게 진행하였다. 그때 공부방에 참가했던 아이들이 어느새 중학생, 고등학생이 되어 자원봉사활동을 위해 사무실을 찾아온다.

함께나눔반 - 더부러회 활동을 계속 이어가자

　더부러회 활동은 홀로 계시는 노인과 소년소녀 가장들을 돕기 위해서 시작되었다. 이런 특성으로 함께나눔반 활동은 초창기 회원이 대부분 주부들이었던 반사사에서 가장 잘할 수 있는 사업이었다. 한 달에 한 번 밑반찬을 마련하여 홀로 계시는 노인과 소년소녀 가장에게 전달하고 집안 청소나 말벗을 해드렸다. 때론 혼자 계시는 노인들의 생신상을 차려드리는 행사도 하였지만 모든 일이 쉬운 일은 없었다. 각자 맡은 밑반찬을 자신이 직접 재료를 구입하여 요리까지 해주는 회원은 많은데 집집마다 방문할 수 있

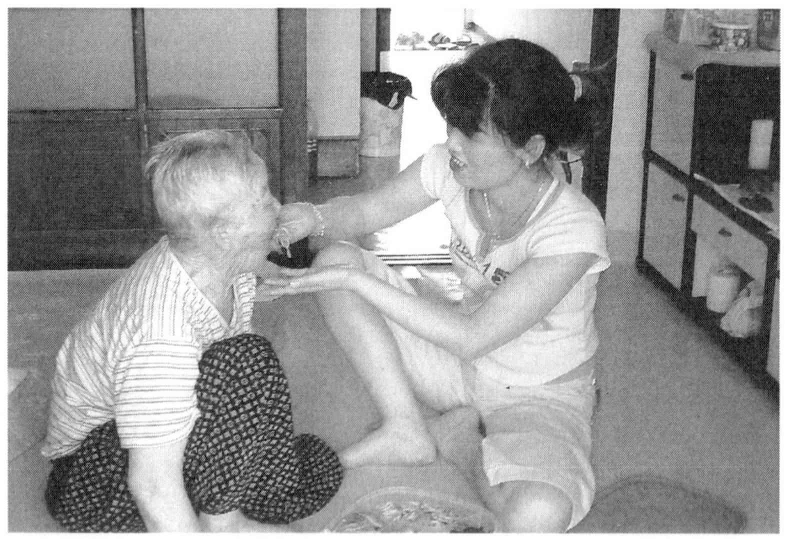

홀로 사시는 노인들을 방문하여 말벗도 도어드리고 반찬도 나누어 드리는 함께나눔반 활동

는 회원은 그리 많지 않았다. 중간에 포기하는 회원들이 늘어날 때마다 함께나눔반 회의를 열어 활동의 지속여부를 논의한 적도 있었지만 그럴 때마다 회원들은 절대 포기하지 않았다.

그래서 함께나눔반은 초기부터 지금까지 유일하게 계속되고 있는 소모임 활동이 되었다. 방학 때는 청소년들의 자원봉사활동 신청을 받아서 회원들과 함께 말벗도 해드리고 어깨도 주물러드리는 봉사활동의 장이 되었다.

언젠가는 독거노인 '사랑의 집 고쳐주기' 사업에 당선되어 여섯 세대에 도배, 장판, 싱크대 등을 바꿔드린 적이 있다. 한 집은 고엽제 후유증으로 고통 받는 할아버지였는데 집에 온갖 악취와 썩은 음식물, 베란다에 가득 들어차있던 비둘기 배설물을 치우느라 무척 고생하였다. 이분은 양 다리를 움직이지 못하는데 누워서도 음식을 조리할 수 있게 고쳐드린 것이 기억에 남는다. 또 한 집은 연세가 아흔이 넘은 노모와 정신분열증을 앓고 있던 아들이 살던 집으로 정신이 온전치 못한 아들이 모아놓은 온갖 고장난 가전제품과 기계부품을 치우고 깨끗하게 집을 수리해드렸다. 이때 나온 부품이 리어카로 세 대 분량이다. 깨끗해진 집을 보고 할머니가 이젠 죽어도 원이 없겠다고 기뻐하시던 모습이 아직도 눈앞에 선하다.

회원들이 대부분 아이들을 키우는 주부들이라 자녀문제에 관심이 많았다. 콩쥐팥쥐반은 반사사 창립 이후부터 시작하여 자신들의 문제, 이웃의 문제를 함께 나누며 마음으로 이야기를 나누는 자리가 되었다.

자녀와의 대화법이 처음의 주제였다. 자신도 모르게 벌컥 화를 내고 말았는데 그때 놀란 아이의 눈망울을 본 적이 없는가? 너무 어른들 기준으로 아이를 가늠하지는 않았는지…… . 아이는 우리 몸을 빌어 태어난 사랑스런 자식들이지만 결코 소유물이 아니라는 생각을 하면서 어리지만 진지하게 마음을 읽어주는 대화로 아이와 부모는 마음의 문을 열게 된다. 우리들의 딸, 아들들이 바라는 부모는 어떤 모습일까? 진짜 어른답게 기다려줄 줄도 알고 먼저 들어주고 함께 나누는 모습이라는 생각 속에 회원들은 서로 의견을 나누었다.

토론주제를 간단히 소개하면 '창의력이란 무엇이고 왜 중요하며 어떻게 길러지는가?', '아이들의 사회성, 어떻게 길러지나?', '체벌, 매는 들어야하나, 말아야 하나', 'TV, 비디오의 홍수, 어떻게 가르칠까?' 등이다. 부모들이 흔하게 겪는 어려움을 주제로 선정하였다.

또한 한 달에 한 번 아이들의 손을 잡고 책방 나들이를 하거나

가족신문을 만들어 발표하는 등 자녀교육에 관련된 활동을 하면서 모임을 진행하였다.

나래반 – 영화보기와 세상읽기

잠시라도 남편과 아이들에게서 벗어나 날아보자는 의미로 나래반이라 이름 지은 이 모임은 일종의 영화동호회라고 할 수 있다. 영화를 좋아하지만 시간을 낼 수 없는 사람들이 한 달에 한 번 모여서 한 편의 영화를 보고 함께 토론하는 시간을 가진다. 주부들이 부담 없이 참가할 수 있는 활동이었다.

처음에는 한 회원의 집에서 비디오를 빌려보다가 나중에는 성공회 신부님께서 운영하시는 '나눔의 집'에서 영사기를 이용하여 대형스크린으로 영화를 보았다. 달마다 둘째 주 화요일이면 아이들을 학교에 보내고 집안일을 후다닥 마친 후 오전 10시 반에 회원들이 모여들었다. 일상에 찌들어 있다가 한 달에 한 번 탈출하는 날이란 표현처럼 회원들은 신이 났고, 서로 정을 쌓아가는 계기가 되었다.

1998년 2월 〈브레이브하트〉, 3월 〈델마와 루이스〉, 4월 〈제8요일〉, 5월 〈첨밀밀〉, 6월 〈모던타임즈〉, 7월 〈무소의 뿔처럼 혼자서 가라〉, 8월 〈개 같은 날의 오후〉, 9월 〈아름다운 청년 전태

일〉, 10월 〈역수탕〉, 11월 〈아름다운 비행〉, 12월 〈레인메이커〉,
1999년 1월 〈8월의 크리스마스〉, 2월 〈아름다운 시절〉 등을 보았
다. 〈아름다운 시절〉을 감상하고 나서 좋은 영화를 작은 화면으
로 만나는 것이 아쉽다는 의견이 모여 영화관으로 진출(?)하기도
하였다. '결혼하고 처음이라는 아줌마들의 감탄소리가 영화보다
더 재미있었다' 는 말이 이후 오랫동안 회원들 입에 오르내렸다.
부산국제영화제가 열리는 시월이면 직접 남포동, 해운대를 찾아
가 출품작을 감상하기도 하고, 모여서 기차여행을 하기도 하면서
1999년 말 반사사 조직체계가 바뀔 때까지 약 2년 동안 나래반
활동은 계속되었다.

들꽃반 – 책을 좋아하는 사람들의 모임

　나래반이 영화를 보고 토론을 하는 소모임이라면 들꽃반은 책
을 좋아하는 사람들의 모임이었다. 1998년 9월부터 시작한 들꽃
반은 예비마당에서 좋은 책을 엄선하여 돌려 읽고, 본마당에서는
책 속의 삶과 자신의 이야기를 나누는 시간을 가지며, 자투리 시
간을 이용한 뒷마당에서는 손쉽게 배울 수 있는 다양한 만들기
활동을 하기도 했다.
　가슴속에 묻어두었던 추억이야기, 생활글, 편지글, 시 등 쓰고

손수 만든 작품을 들고 즐거워하는 퀼트반 회원들

싶은 글을 한 편씩 써서 문집을 만들기도 하였다. 뒷마당에서 '종이를 접어 꽃 만들기' 로부터 시작된 만들기 활동은 한 쌍의 토끼 인형 만들기, 퀼트 가방 만들기, 배추김치 담그기, 열무김치 담그기, 피자와 칵테일, 꼬마 케이크, 손발이 자유로운 곰 인형, 크리스마스 소품 리스, 벽걸이용 추리, 액세서리 종이접기 등이다. 이후 퀼트반과 인형극반이 따로 만들어졌다.

퀼트반 – 예쁘게 만들어요

들꽃반 뒷마당으로 진행하다 관심이 있는 회원들을 중심으로 더욱 수준 높은 작품을 만들기 위해 따로 모임을 만들었다. 회원들 스스로 퀼트 초보자들을 위한 모임을 꾸리기도 하였고, 이후 주민자치센터의 프로그램으로 진출하기도 하였다.

인형극반 – 나도 할 수 있어요

콩쥐밭쥐반 회원들이 주축이 되어 2000년 5월 어린이날 행사에 맞추어 지역의 어린이들에게 선보일 인형극이 처음으로 만들어졌다. 창작동화 '나도 쓸모가 있어요'라는 작품으로 3월부터 매주 모임을 가지면서 작품을 각색하고 역할연습, 인형제작 등 구슬땀을 흘렸다. 첫 공연은 어린이날 놀이한마당 행사를 할 때 동부산대학의 강당에서 하였는데 구경온 어린이와 주민들이 너무 좋아해서 한 차례 추가 공연을 했다.

처음에는 폭 1m의 검은 천으로 가리고 하다가 이후에는 아예 철제앵글로 무대장치를 제작하였다. 철제앵글을 박스형으로 구성하여 검은 천으로 두르고 조명도 매달았다. 무대 안에서 회원들 서너 명이 한 손에 인형을 들고 다른 손으로 인형의 손발을 움직이고 다른 사람은 대사를 읽는 형식이었다. TV 어린이 프로그램에서나 보던 인형을 바로 눈앞에서 보는 아이들 눈은 휘둥그레질 수밖에 없었다. 인기는 폭발적이었다.

지역의 어린이집에서 공연요청이 잇따라 한동안 매우 바쁘게 활동하였고 상하반기에 새 작품을 준비하였다. 대외적인 행사에는 인형극반이 반사사를 대표하여 참가하는 경우도 많았다.

두 번째 작품은 환경오염을 주제로 한 '숲 속 친구 덩치이야기'인데 2001년 건축폐기물 매립장 반대운동을 할 때 공연을 하였다. 이후 '세상에서 가장 힘센 것은?', '팥죽 할멈과 호랑이', '무지개 물고기', '혹부리 영감', '해님 달님', '말투는 달라도 우리는 하나', '마법의 돌', '구렁이가 준 구슬' 등 좋은 주제와 교훈이 있는 내용으로 5년 정도 계속 공연하였다.

시나리오 선택, 인형 제작, 무대 제작 등 모든 것을 스스로 해낸 인형극반

평범한 주부회원들이 특별한 준비가 없는 상태에서 활동을 시작하여 모든 것을 스스로 해결하기 위해 노력하였다. 회원들이 모여 시나리오를 선택하고 등장할 인형들을 제작하고 대사를 녹음한 후 수많은 연습을 거쳐서 공연을 하였다. 그런 만큼 어려움도 많았다. 공연내용이 결정되면 거의 날마다 모여서 회의와 인형제작, 연습에 달라붙어야 하는 품이 무척 많이 드는 활동이었다. 무더운 날씨에도 아이들을 업고 손을 잡고 사무실에 나와 열심히 인형제작과 연습에 수고를 아끼지 않은 회원들을 잊을 수 없다.

풍물반

풍물소리만 들으면 펄펄 날아

외국문화와 음악에만 젖어있던 시대에 우리 가락에 대한 갈증 또한 적지 않았다. 오래전부터 풍물패를 만들려고 노력하였는데 연습할 수 있는 장소와 강사를 구하지 못해 애를 많이 태웠다. 그런데 지역의 신협에서 주최하는 풍물강좌에 참가하는 것을 계기로 본격적인 활동을 시작하였다.

여성회에서 풍물지도를 해온 경험이 풍부한 한 회원의 어머니께서 무료로 강의를 해주기로 하셨고 냉풍기가 설치된 신협 강당에서 2000년 6월부터 연습을 시작하였다. 대부분 50, 60대 회원들로 열성이 대단하였다. 평소에는 무릎도 아프다, 여기저기 아프다고 하시던 분들이 풍물소리만 들으면 완전히 달라졌다. 신명이 넘쳐흘렀고 언제 아팠느냐는 모습으로 펄펄 날아다니셨다. 꽹과리, 북, 장구소리 등 음악이 통증을 치료하는데 어느 정도 효과가 있다고 느낀 것은 이때였다. 기본 장단으로 휘모리, 굿거리, 자진모리 장단을 배웠으며 영남가락과 오방진가락을 배웠다. 공연할 기회가 되면 마다하지 않고 언제든지 공연장으로 뛰어갔고 숙련된 젊은 사람들과 어울려 한바탕 신나게 놀면서 배우기도 하였다.

시련이 닥쳐오다

2000년 12월 19일 새롭게 단장한 주민자치센터에서 새로운 문화여가 프로그램으로 풍물반을 운영해달라는 정식요청이 들어왔다. 예산이 부족하여 다른 지원은 하기 어렵다고 하였지만 기꺼이 받아들였다. 이후 수개월 동안 봉사활동을 계속하였다.

그러나 우여곡절이 어찌 없으랴. 풍물반에 시련이 닥쳐왔다. 당시 주민자치위원회에서 갑자기 풍물교실을 폐강하기로 결정하였던 것이다. 공식적인 이유는 첫째, 무료강좌였는데 회비를 받았다는 것과 둘째, 풍물공연 때 입는 옷을 사라고 했다는 것이고 셋째, 주민자치센터 풍물교실이 반사사 풍물패가 된다는 것이었

대보름날 마을의 안녕을 비는 길놀이를 하고 있는 풍물반

다.

진상을 알아보니 풍물을 배우는 사람들끼리 땀을 흘리며 연습을 하다보면 목이 마를 때가 많아 회의를 열어 회비를 조금씩 모아 음료수를 사먹자고 한 것이었다. 여러 가지 오해가 생긴 것이다. 그동안 주민자치위원회에서 어떤 지원도 받은 것이 없었고 풍물교실을 처음부터 준비하고 약 9개월간 운영해온 단체에 한 마디 상의도 없이 폐강을 일방적으로 결정한 것은 심한 일이라 생각했지만 주민자치위원회 결정에 순순히 따랐다.

2001년 9월 21일 풍물반 '두레박' 1회 정기발표회를 주민자치센터 강당에서 멋지게 열고 자치센터를 떠나기로 하였다. 두레박 회원들은 발표회에서 열정적으로 공연을 하였다. 회원들 중 가장 오래된 경력이 약 1년 정도였고 초보자들도 있었지만 공연에 임하는 두레박 회원들의 열정과 정성은 전문가 수준을 능가하였다. 우리 가락은 약간 호흡이 맞지 않아도 얼마든지 그것을 품어줄 수 있는 넉넉함이 있는 것이 특징이다. 땀을 뻘뻘 흘리면서 호흡을 맞추며 공연에 몰입하고, 신명을 다하는 모습에 뜨거운 박수가 터져 나왔다. 그것은 사람이 만들어내는 가장 아름다운 모습 중 하나였다.

노래연습장에서 들리는 풍물소리

발표회 이후 이삿짐을 쌌다. 이삿짐이야 악기만 들고 옮기면 되는 것이었다. 그러나 막상 떠나려고 생각하니 갈 곳이 없었다. 풍물이 소리가 워낙 크다보니 주택가에서는 연습이 불가능했다. 그렇다고 할 때마다 악기를 들고 마을 뒷산에 올라가 연습을 할 수도 없었다. 소리가 새어나가지 않는 곳, 방음이 되는 곳을 찾다보니 꼭 한군데가 나타났다. 바로 노래연습장이었다. 노래방은 주로 오후에 영업을 시작하다보니 오전에는 비어있어 안성맞춤이었다. 가장 넓은 공간이 있는 노래연습장을 섭외하여 일주일에 두 번씩 연습을 계속하였다. 그런데 문제는 노래방이 지하에 있는데다가 전등을 켜도 노래방 분위기라 환하지가 않았다. 전원을 켜면 자동으로 돌아가는 얼룩덜룩한 조명은 클럽에서 브루스를

출 때나 어울리지 우리 가락과는 전혀 맞지 않았다. 하지만 어쩔 수 없었다.

연습장소는 해결하였는데 악기를 보관할 장소가 마땅치 않았다. 연습 때마다 악기를 들고 다닐 수도 없었고 영업이 시작되면 손님들이 이용하는 공간에 악기를 두어 영업에 지장을 줄 수도 없었다. 결국 몸을 최대한 구부려야 들어가는 작은 통로에 악기를 보관해야했는데 공사가 마감이 안 되어 비가 오면 물이 발목까지 고였다. 악기가 상할까봐 여간 신경이 쓰이지 않았지만 그것도 감수해야했다. 어렵사리 장소를 구하고 결국 북과 장구를 들고 자치센터를 떠나는 날 하필 비까지 왔다. 비에 젖지 않게 하려고 웃옷을 벗어 악기를 둘러 싸매고 옮기던 그때를 잊을 수 없다.

그로부터 약 1년 6개월 후 반사사 풍물패가 발전적으로 해체하고 다시 주민자치센터 3층으로, 주민자치위원회 소속 풍물패로 완전히 전환할 때까지 풍물반 회원들이 고생을 많이 하였다.

현재 반송1, 2, 3동에는 모두 주민자치센터에 속한 풍물패가 있으며 반송지역의 모든 행사에는 빠지지 않고 참가하여 흥을 돋우는 역할을 하고 있다. 특히 장산해맞이 행사, 담안골 축제, 동네음악회, 어린이날 행사, 경로잔치 등 마을 행사가 있을 때면 반송1,2,3동의 구분 없이 모두 힘을 합쳐서 공연에 참가하고 있다.

지금도 풍물소리가 들리는 주민자치센터 옆을 지나갈 때마다 발
걸음이 가락에 맞춰 춤을 추고 어깨도 들썩여진다.

얼 ~ 쑤 좋 ~ 다!

새로운 만남과 교양 프로그램
– 다양한 강좌

새로운 만남과 조바심

반사사 활동 초기에 지역의 특성과 주민들의 요구, 준비정도에 따라 다양한 내용의 교양강좌를 마련하였다. 가능한 전체 주민들을 대상으로 하여 교양강좌를 홍보하고 참여자를 모집하였다. 이는 창립한 지 얼마 되지 않은 반사사를 홍보하는 것이기도 하고 새로운 주민을 만나는 계기도 되었다. 또한 그 계기를 통해 많은 주민들이 회원으로 가입하였다.

주부 대학, 주부 환경 강좌, 구인구직 상담실, 일하는 사람들을 위한 열린 교실, 알찬 방학 보내기 교실, 어린이 택견, 풍물 교실,

어린이 통일 학교, 학부모 교실, 좋은 아버지 학교, 민주시민 교실, 회원 교양 강좌 등이 반사사가 마련하였던 강좌이다.

그러나 모든 강좌나 교실이 항상 성황리에 진행된 것은 아니다. 초기에 특히 지역을 지키는 주부들 대상의 강좌를 많이 열었는데 강의가 있는 날만 되면 피가 마르는 것 같았다. 강의 며칠 전부터 전화로 확인하고 강의 시간 직전에도 전화를 하였지만 꼭 오겠다고 한 분들이 못 오시는 날도 많고 강좌를 요청한 분조차 못 오시는 경우도 있었다.

꼭 필요한 주제로 강사를 모셨는데 주부들이 오지 않을까봐 애를 많이 태웠고 어떤 날은 열 명도 안 되는 사람들이 모이기도 하여 먼 길을 마다않고 달려와 준 강사들에게 미안한 마음이 들기도 하였다. 강의 때마다 마음을 많이 졸였지만 그때 강의를 열심히 들었던 분들이 창립 회원이 되었고 초기 반사사가 지역에 자리 잡는데 많은 도움을 주었다.

모든 전봇대를 홍보판으로

강좌 홍보는 대부분 회원들이 홍보물을 만들어 사용하였고 전봇대나 아파트 게시판에 직접 붙이기도 하였다. 활동 초기 우리의 목표는 반송의 모든 전봇대를 반사사 사업을 안내하는 포스터

교양 강좌 프로그램에 참석하여 토론하는 주민들

로 도배하는 것이었다. 요즘은 거리환경 때문에 전혀 하지 않지만 그때는 그만큼 많은 일을 하고 싶었다. 강좌뿐만 아니라 한가위 맞이 주민 노래자랑, 가족 역사기행, 어린이날 행사, 해맞이 행사, 토요 어린이 학교, 퀼트 교실, 스텐실 교실, 풍물 교실, 벽화 참가자 모집, 수재민 돕기 알뜰장터, 농산물 직거래 알뜰장터, 야생화 학습장 가꾸기, 나무에 이름 달아주기 등 여러 가지 일들을 알렸다.

이제는 포스터를 부착하지 않아도 될 만큼 사업이 탄탄해졌고 인지도도 높아졌지만, 초기에는 사업 하나하나에 온갖 정성과 애정을 다 쏟았다.

어떤 사람은 이렇게 말한다. '어떻게 그 많은 일들을 할 수 있었느냐? 뭘 몰라서 그런 것 아니냐?' 우리는 회원들이 있고 주민들이 있어서라고 대답한다. 지역 활동은 다리품을 파는 만큼, 애정을 쏟는 만큼 성과가 나타난다. '일하는 사람들을 위한 열린 교실'의 경우는 아침 출근길에 직접 따뜻한 차를 들고 거리로 나가 홍보하기도 하였다. 홍보를 마무리하면서 당시 적었던 짧은 글을 소개한다.

반송2동 부산은행 앞과 도서관 맞은 편 파크랜드 통근버스를 타기위해 기다리는 아주머니들에게 집중홍보를 하기로 한 날이다. 지금까지 행사홍보처럼 홍보물을 제작하여 마을 곳곳에 붙이자는 의견에 대해 직장을 나가는 사람들이 새벽에 나가 어두워야 마을에 들어오는데 어떻게 볼 수 있겠느냐, 차라리 직접 만나서 설명하고 홍보하는 것이 좋겠다고 의견을 모으게 되었다. 거기에 따뜻한 차를 대접하면 더 좋겠다는 의견을 덧붙여서…….

일단 오늘까지만 하면 홍보활동은 마무리하기로 하였는데 아쉬운 감도 남는다. 보온병과 주전자에 끓는 물을 넣고 홍보활동을 하는 장소로 향할 때의 겨울 새벽은 아직도 어둠이 가득한데 한두 사람씩 일찍 출근하는 사람들의 입에서 뜨거운 입김이 뿜어져 나온다. 언제 보아도 힘차게 보이고 건강해 보이는 모습들. 그들은 새벽을 여는 사람들이다. 어둠이 주위에 가득해도 밝아올 아침을 기다리며 열심히 일을 하는 사람들의 모습은 항상 가슴을 두근거리게 한다. 묵묵히 일 해온 그들이 있었기에 현재가 있는 것이고 그들이 주저앉지 않고 힘차게 일어서 전진하기에 우리는 미래를 말할 수 있다.

이번 출근길 홍보활동은 우리 반사사에 또 하나의 소중한 경험으로 남을 것이다. 결과보다도 어쩌면 이 실천과정에서 우리는 이미 목표를 달성했다고 생각한다. 이번 활동은 우리 자신을 단련시키고 진정 주민들 속으로 깊이 들어가기 위한 새로운 노력으로 평가될 것이며 직접 참가하지 못했던 회원들도 이 성과를 충분히 함께 나눌 수 있으리라 생각한다.

과연 할 수 있을까하는 두려움, 아침 일찍 일어나야하는 괴로움, 처음 보는 사람에게 다가가 적극적으로 홍보해야하는 어색함 등 우리의 발목을 잡았던 것들과 싸워 우리 반사사는 또 하나의 성과를 이루었다.

임신 7개월이 지난 무거운 몸을 이끌고 날마다 아침 일찍 일어나 참가하였던 회원, 나이를 속이진 못하겠다며 기침을 연방하면서도 무심히 지나가는 사람을 끝까지 따라가 열심히 설명하시던 회원, 아침 일찍 물을 끓여와 차를 대접하던 회원들, 그리고 자신도 출근길에 한 시간 일찍 나와 통근버스가 오기 전까지 열심히 홍보하던 강철 노동자 회원들……. 모두에게 감사드린다.

– 2001년 2월 〈반송사람들〉 69호 중에서

스스로 놀라버린 어린이날 행사

어린이날에 대한 고민

어린이날 우리 아이를 어디로 데려갈까? 고민을 시작한 것은
1997년 4월이었다.

이때 비슷한 고민을 하고 있는 주민들에게 제안하였던 것은 부
산전교조와 부산교육대학에서 주최하고 부산교대에서 열리는
'어린이날 놀이한마당' 에 참가하는 것이었다.

혹시 이런 고민을 하시는 부모님은 계시지 않습니까? 어린이대공원,
무슨 환타지아 등 발 디딜 틈이 없을 곳을 갈 생각을 하니 벌써 몸

살이 날 것 같지요. 더 의미 있고 교육적인 어린이날을 만들고 싶으신 분들은 반송에서 112번 버스를 타고 교대 앞에서 내리십시오. 작년에는 놀이동산(전통 민속놀이, 현대놀이), 가족동산, 과학동산, 문화동산, 이야기동산, 유아마당이 마련되었습니다. 아이들의 밝은 표정과 힘찬 환호를 분명히 들을 수 있습니다.'

– 1997년 4월 〈더부러소식지〉 24호 중에서

1997년부터 시작된 어린이날 행사에 대한 고민은 1998년 2월 사무실을 마련하고 6월 정식으로 반사사가 창립총회를 한 다음에 본격적인 연구를 시작하였다. 우리가 할 수 있을지, 만약 한다면 어떤 내용으로 할 것인지 고민했다. 그러나 그것은 쉬운 일이 아니었다. 따라 배우려 했던 '어린이날 놀이한마당'은 부산전교조와 부산교육대학이 주최하는 행사라 기본적인 역량이 정식으로 창립한 지 6개월밖에 지나지 않은 우리 단체와 감히 비교할 수 없는 수준이었다.

아이를 데리고 아내와 함께 교육대학행사에 다녀오면서 우리 반송에서도 이런 어린이날 행사를 할 수 있으면 정말 좋을 것 같다는 희망을 말했다. 그러나 한참 논의하다가는 바람으로 끝나곤 하였다.

시련이 커지면 희망도 커진다

1999년 초 어느 날. 밤늦게까지 반사사 사무실 불은 꺼지지 않았다. 어린이날 행사에 대한 논의 때문이었다. 많은 논의 끝에 한 번 해보자고 결의하였다. 그러나 이후 반사사 회원들 중에는 걱정 속에 밤잠을 이루지 못한 회원들이 한두 명이 아니었다.

1999년 5월 5일 오전 10시부터 제1회 반송지역 어린이날 놀이 한마당은 무조건 열려야 했다. 일단 함께 할 수 있는 사람들을 찾았다. 직접 방문하여 행사에 대해 설명을 드리고 도움을 요청하였다. 그러다 믿고 찾아갔던 한 곳에서 이런 말을 듣기도 하였다.

"고생은 하시는데, 반송에서 반송주민들로서는 불가능한 일입니다."

참담한 심정이 들었다. 이때가 2월 말쯤이었는데 부슬부슬 내리는 차가운 비를 맞으며 돌아올 때 어떻게든 어린이날 행사를 성사시켜야겠다는 각오를 새롭게 다지게 되었다.

더욱 열심히 발품을 들여서 뛴 결과 많은 사람들이 모였다.

민간 어린이집·놀이방연합, 동부산대학 유아교육과, 부산과학교사모임, 건강사회를 위한 치과의사회, 연마을, 송하·반송서예원, 혜성병원, 반송성당, 반송소방파출소, 연제구 택견전수관, 남산놀이마당, 책과 아이들, 야생화초연구회, 소월회 등이 첫 행사를 함께 주관한 단체들이었다. 장소는 운봉초등학교 운동장과

반송에서 지역축제로 자리잡은 어린이날 놀이 한마당

교실 일부를 전시실로 이용하기로 하였다.

　정식 창립한 지 1년도 채 되지 않은 신생단체가 마을 전체 어린이들을 대상으로 큰 행사를 준비하기에는 적지 않은 어려움이 뒤따랐다.

　예산이 가장 큰 문제였다. IMF 외환위기로 발생한 경제적 어려움으로 사람들의 어깨는 움츠러들어 행사를 할 때 참가비를 받기는 어려웠다. 따라서 모든 행사참가는 무료였다. 지역에서 스스로 해결하자는 생각으로 주민들에게 행사를 설명하고 후원금을 모아 기본재정을 마련하였다.

다음은 행사내용인데 대부분 어린이들이 직접 참여하거나 가족이 함께 체험할 수 있는 내용으로 준비하였다.

■ 놀이동산 :
굴렁쇠 굴리기, 널뛰기, 외줄타기, 투호 던지기, 긴줄넘기,
사물놀이, 제기차기, 택견 배우기, 기체조 배우기, 물풍선 터트리기, 괴물 입안에 공던지기, 두더지 잡기, 물로켓 대회 등

■ 가족동산 :
협동화 그리기, 가훈 써주기, 가면 만들기, 얼굴에 그림넣기,
예쁜 그림찍기, 깡통지도 만들기, 건강한 치아 어린이 뽑기 등

■ 과학동산 :
불수록 달라붙는 탁구공, 물로켓 만들기, 요술경, 빨대피리,
물이 쏟아지지 않는 컵, 공기가 있어요 등

■ 유아동산 :
꽃가마 타기, 비누방울 불기, 엄마랑아빠랑 훌라후프끼고
달리기, 숟가락으로 사탕 먹여주기, 물감놀이, 소고 배우기,
사물놀이 배우기, 동물풍선 만들기, 바람개비 만들기 등

■ 전시마당 :
우리연 전시, 아동전문도서 전시, 우리야생화 전시, 종이접기
작품 전시

■ 비디오 상영 :

엄매! 나 어떻게 태어났어요?, 내 몸은 내가 지켜요.

■ 119 아저씨들과 함께 / 인형극공연과 수화공연 / 가족별
노래자랑 대회

뜬 눈으로 밤을 새우고 치른 행사

전시마당을 열기 위해서는 전시할 공간이 필요하고 아이들 쉼
터도 마련해야겠기에 교장선생님을 설득하여 별관의 1학년 교실
을 개방하기로 하였다. 별관 1층에 있는 1학년 교실을 개방하는
것은 솔직히 쉬운 결정은 아니었다.

그러나 일단 각 교실의 책걸상을 모두 2층 복도로 옮기고 전시
공간을 꾸몄다. 우리 연 전시, 아동 전문도서 전시, 야생화 전시,
종이접기 작품들을 전시하고 비디오 상영공간을 마련하는데 시
간이 너무 부족하였다. 수요일이 어린이날이라 화요일 수업 후
모든 행사준비를 시작하였다. 회원들이 직장에서 퇴근한 후에 모
이다보니 시간이 절대 부족하였다. 행사가 시작되는 5월 5일 아
침 10시가 다되어서야 겨우 마무리가 되었다. 태어나서 해가 지

1학년 교실을 개방하여 마련한 어린이날 전시마당

고 다시 뜨는 동안 한순간도 눈을 붙이지 못하고 일을 한 것은 이
때가 처음이었다.

잠을 못자 정신이 멍한 상태에서 시작된 '제1회 반송 어린이날
놀이 한마당'은 한마디로 대성공이었다. 부족한 것은 당연히 많
았지만 우리가 기대한 것보다 몇 배의 참가가 이루어졌다. 운동
장에는 아이들로 꽉 들어찼고 즐거운 아이들의 표정과 환호소리
는 모든 피곤을 한순간에 가셔주었다. 우리가 할 수 있을까하며
걱정 속에 밤잠을 설치던 회원들은 몸은 피곤해도 우리가 드디어
해내었다는 만족감에 모두 미소 짓고 있었다. 준비된 순서대로
행사는 밀도 있게 진행되었고 마무리도 잘 되었다.

행사 후유증

그러나 후유증은 다음날에 나타났다. 교장선생님께 행사 결과를 설명하고 감사인사를 하기 위해 방문하였는데 1학년 담임선생님들로부터 강력한 항의를 받은 교장선생님은 어두운 표정을 짓고 계셨다. 행사 다음날인 6일 오전수업 첫 시간에 아이들은 자기 책상과 의자, 남겨둔 책상 속의 물품을 찾느라 대혼란이 일어났으며 그 와중에 수업이 제대로 진행되지 못한 것이었다. 담임선생님들께서 무척 당황하셨던 것 같았다.

생각해보니 이틀 동안 잠도 안자고 계속 서서 일했던 회원들 몸이 강철이 아닌 이상 지칠 대로 지친 상태에서 책상 위치까지 원래대로 해놓는 데 소홀함이 있었다. 담임선생님들을 만나 행사 취지와 진행상황을 설명하고 부족한 점에 대해 사과드렸다. 선생님들의 거친 항의 속에 불편한 마음까지 위로하느라 진땀을 흘렸던 기억이 아직도 생생하다.

동부산대학으로 옮겨 7회까지

'제1회 반송 어린이날 놀이 한마당'은 우리에게 무슨 일이든 뚜렷한 목표를 세우고 주민들의 힘을 모으면 못할 것이 없다는 교훈을 가슴속에 새겨주었다. 주민들의 뜨거운 호응은 우리에겐 큰 힘이 되었고 믿음이 되었다. 이후 어린이날 행사는 반사사가 하는 일 중에서 가장 큰 행사가 되었고 마을 행사 중에서도 주민이 주체가 되어 진행하는 가장 큰 행사로 자리매김 되었다.

2000년 2회 행사를 할 때부터는 마을 안에 위치한 동부산대학에서 열렸다. 가장 큰 장점은 반송 1, 2, 3동 한가운데 자리하고 있어 누구나 쉽게 걸어서 올 수 있다는 것이고 대학이라 여유 공간이 많을 뿐만 아니라 운동장이 아담하고 푸른 잔디가 있어 너무 좋았다. 대학 측에서는 봄이 되면 잔디가 새롭게 뿌리를 내리는 시기라 잔디보호 기간을 약 3개월로 정해 운동장 출입을 금지하고 있는 실정이라며 어려워하였지만 행사취지를 이해하고 학교전체를 빌려주었다.

대학이라는 공간은 좋은 점이 많았다. 행사는 해마다 커지고 내용은 더 알차게 준비하였다. 행사에 참가하는 많은 주민들은 푸른 잔디 위에서 마음껏 뛰어노는 아이들 모습에 흡족해 하였고 이런 공간을 제공해준 대학을 고맙게 생각하였다. 어린이날에 아이들을 데리고 놀이공원에서, 북적대는 사람들 속에서 시달리다 지친 경험이 있는 부모들이 특히 좋아했다. 가깝고 직접 체험할 수 있는 행사인 반송 어린이 한마당에 많은 주민들이 참여하였고 부산시내 다른 곳에서 우리 행사를 찾아오는 사람도 많아졌다.

해마다 찬바람이 가시고 따뜻한 봄이 되면 회원들은 고민에 빠

춤을 추며 즐거워하는 어린이들

진다. 올해 어린이날 행사는 어떻게 진행해야 할까? 2월에 시작
하여 어린이날 하루 행사를 위해 거의 100일 정도는 준비가 필요
하였다. 3월에는 기본행사 초안을 마련하여 함께 주최하는 단체
들과 회의를 시작한다. 많은 예산을 확보하느라 애를 쓰다보니
지치는 경우도 한두 번이 아니었다. 전년도 행사에 대한 평가에
기초하여 어린이들에게 인기가 없는 내용은 빼야하고 해마다 똑
같은 행사가 되지 않기 위해 변화도 있어야 하였다.

어떤 해는 예산확보가 어려워 행사를 포기하고 싶은 적도 있었
다. 그러나 그런 어려움에 부딪힐 때마다 회원들은 서로를 격려

하며 '이것만은 지켜내자'고 마음을 다잡았다. 행사가 클수록 준비하는 사람들 배포도 커진다. 그런 행사가 만족스러운 결과로 마무리되면 그 배포는 자부심이 되고 믿음이 된다.

2003년 5회부터는 마을의 거의 모든 단체들이 참가하는 행사로 발전하였다. 반송1, 2, 3동의 주민자치위원회를 중심으로 마을 각 단체가 관심을 가지고 도와주었다. 2005년 제7회 행사도 약 7000여 명의 아이들과 주민들이 참가한 가운데 성황리에 열렸다.

무엇이든 꾸준히 하는 것이 지역 활동에서는 매우 중요하며 해를 거듭할 때마다 경험이 축적되면 질적 변화가 생기기 마련이다. 따라서 지역 활동은 긴 호흡법을 배우는 과정이라 생각한다.

자랑스러운 반사사 어린이회원

어린이날 행사를 준비하고 진행할 때마다 가장 마음에 걸리는 것은 정작 어린이날에 우리 회원 자녀들은 부모 없이 떠돌아다녀야 하는 방랑자 신세가 된다는 것이다. 부모들이 행사진행으로 눈코 뜰 새가 없이 뛰어다녀야하기 때문이다. 행사장에서 다른 부모들이 아이들 손을 잡고 하나라도 더 체험해보라고 권하고 챙겨주는 아름다운 풍경을 볼 때마다 회원 자녀들에게는 항상 미안

자랑스러운 반사사 어린이 회원들

하였다. 그들에게 어린이날을 빼앗은 것이 벌써 7년째에 접어들었고 이미 중학생으로 자란 아이도 있다. 그러나 이런 속마음을 비치치도 않았지만 회원아이들은 잘 이해해주었고 오히려 자신도 반사사 어린이회원이라며 자부심을 가지고 건강하게 자라고 있어 정말 고맙고 자랑스럽다.

주민들과 함께 한 실업극복운동

반사사와 구제금융신청

반송에서 지역 활동을 시작한 때는 우리 경제가 급속히 침몰하던 시기와 거의 일치한다.

1997년 1월 처음으로 더부러소식지를 인쇄 발행하기로 결정하였을 때 한보그룹이 빚을 10조 원이나 지고 무너졌다. 한보의 침몰은 제일은행 등 금융기관을 파산 직전까지 몰고 갔다. 곧이어 삼미, 진로, 대농, 한신공영 등 굴지의 기업이 부도로 치달았다.

1997년 11월은 매주 화요일에 '반송을 사랑하는 사람들' 이란 이름을 처음 사용하며 주부 언론 강좌를 열고 있을 때였다. 11월

21일 한국은 국제통화기금(IMF)에 구제금융 신청을 공식발표하였고 다음날 정부는 국제통화기금 구제금융을 공식 요청하였다. 적나라하게 표현하면 한 나라가 졸지에 빈털터리가 되어 구걸에 나선 것이다.

경제위기로 사람들이 잔뜩 움츠려 있을 때 반대로 우리는 일을 벌여나갔다. '이런 분위기에 지역 활동을 할 수 있겠느냐?, 주민들이 관심이라도 가지겠느냐?' 는 우려의 목소리도 없지 않았지만 우리는 개의치 않았다. 오히려 '앉아서 한숨만 쉬다가 굶어죽겠느냐? 아니면 사람을 믿고 서로 의지하며 힘을 모아 이겨내겠느냐? 당신은 어느 것을 선택하겠느냐?' 며 반문하곤 하였다.

경제위기의 본질은?

경제가 침몰한 원인을 두고 세세하게 거론하지 않겠지만 한국 경제의 뿌리 깊은 고질병인 정경 유착이 끝내 곪아 터졌기 때문이라든지, 한국 경제구조가 대기업 중심으로 가서 자금 유연성이 떨어지고 세계시장의 급격한 변화에 유연하게 대처하지 못한 것 때문이라거나 정부 계획 주도의 경제 개발이 우리 경제의 자생력을 떨어뜨렸기 때문이라는 등의 설명은 본질을 비켜가고 있으며 오히려 그 본질을 숨기기 위한 의도가 있다고 생각한다. 왜냐하

면 국제통화기금의 구제금융에서 벗어나고 외환보유고가 안정적
이라고 정부가 발표한 현재에도 이런 문제점은 거의 개선되지 않
았으며 계속되는 경제침체에서 벗어나지 못하고 있기 때문이다.
「빈곤의 세계화」 등을 통해 신자유주의 세계경제체제를 비판
해온 미셸 초스도프스키 교수(캐나다 오타와대)는 2005년 8월
중순 제주, 부산, 서울 등에서 특별강연회를 하면서 한국 경제의
'치명적이고도 암울한 미래'를 다음과 같이 강력히 경고했다.

미국을 정점으로 한 국제금융자본은 국제통화기금과 세계은행
등을 통해 제3세계 국내시장에 진출한다. 이들은 제3세계 국가의
기업과 은행을 잠식한다. 이들 기업과 은행에서 발생한 손실은
그 나라 정부가 '공공채무'로 끌어안는다. 이는 다시 국민들의
세금 부담과 실업 및 빈곤으로 전가된다. 그러는 동안에도 국제
금융자본은 이윤극대화에 방해되는 사회복지 보장 체제를 해체
시킨다.
이것이 그동안 구제금융 체제에 들어간 모든 국가들이 밟아온
예외 없는 '경로'였다는 게 초스도프스키 교수의 분석이다. 그는
"구제금융이 한국에 긍정적 영향을 준 것은 단 하나도 없다"고
단언하기까지 했다. (중략) 다만 한–미 관계 등 현실적 조건을 고
려할 때, 급격한 '단절'이 실현불가능하다면, "국제법과 국제기
구를 통한 '합법적' 길을 찾아 국제통화기금 등과 맺은 여러 협

약을 무력화시키고, 그동안 해외투기자본을 통해 빠져나간 국부를 환수하는 방법을 다각도로 모색하라"는 게 초스도프스키 교수 나름의 처방이다.

주민들의 어려움을 함께 나누다

국제통화기금의 구제금융 신청은 많은 기업의 도산과 수많은 실직자를 만들어냈다. 경제는 완전히 얼어붙었다. 우리 마을도 예외는 아니었다. 조금이라도 도움이 되어야겠다는 생각으로 반

실업극복운동 – 만남의 자리

사사는 근로복지공단에서 운영하던 실업극복국민운동본부에 참
가하였다. 부산 지역에서 여덟 번째 창구를 맡아 운영하면서
1999부터 2000년까지 두 해 동안 달마다 150가정에 긴급 구호
비 30만 원씩을 지원하는 사업을 진행하였고 그분들의 자활을 위
해 함께 고민하였다.

　이때 가장 많은 반송주민들을 만났다. 많은 주민들과 상담을
하면서 생활형편과 주민들의 아픔을 더 자세히 알게 되었다. 주
민들도 처음에는 어색해하다가 차츰 마음을 열어주었다. 반사사
상근자들과 이야기하다 함께 울어버린 적도 많았다. 현실의 생활
형편은 매우 어려운데도 구호비 지원기준에 맞지 않아 안타까운
경우도 있었다. 당장 끼니를 때울 수도 없는데 서류상 아들이 있
어 구호비를 받지 못한 할머니, 남편이 술만 먹고 행패만 부리는
데도 도움을 줄 수 없었던 사람도 있었다.

　그러나 긴급 구호비를 지원하는 사업으로는 결코 실업을 극복
할 수 없는 근본적인 한계가 있었다. 그래서 구인구직 상담실도
같이 운영하였고, 서로 힘을 북돋아주기 위한 여러가지 행사도
진행하는 등 자활을 위한 다양한 연구가 있었다. 이 활동으로 반
사사가 지역에 깊게 뿌리를 내리는 계기가 되었다. 때로는 빈민
구호사업을 하는 단체로 오해를 받아 술값이나 차비를 받으러 오
는 사람도 있었지만 어려울 때 아픔을 함께 나눌 수 있었던 것이
참으로 다행이라 생각한다.

또 하나의 날개, 좋은 아버지 모임

남편들을 설득하라

초기 반사사의 회원은 대부분 주부들이었다. 다양한 소모임이 꾸려져서 회의를 해야겠는데 그것이 쉽지 않았다. 주부들은 저녁 시간에 집을 나오는 것을 부담스러워했다. 나는 작은 개인의원을 운영하는 의사였기에 낮에는 진료실을 비울 수가 없었고, 회의는 점심시간을 이용할 수밖에 없었다. 회의시간을 확보하기 위해서 점심을 아예 굶거나 아니면 5분 안에 밥이 입으로 들어가는지 코로 들어가는지 모르게 쑤셔 넣고 사무실로 뛰어가곤 했다. 회의가 길어져서 점심시간을 10분이나 15분 정도 넘겨서 병원으로 돌

아이들이 그려준 옷을 입고 의기양양한 아빠들

아오면 진료대기실에 기다리고 있는 환자들 보기가 또 민망하였다.

그렇게 회의를 하다보니 항상 시간에 쫓기어 충분한 토론이 되지 않았다. 좀더 여유를 가지고 회의를 하면 좋겠는데 주부회원들이 저녁에 남편과 아이들을 집에 두고 밖으로 나오는 것이 쉽지 않았던 것이다. 한두 번 저녁 회의를 한 후 몇몇 회원들은 남편이 불만스러워 한다고 난처해했다. 이해할 수 없는 것은 아니다. 하루 종일 직장에서 일을 하고 피곤한 몸으로 집에 돌아와서 아내가 정성들여 만든 따뜻한 저녁을 먹으며 하루의 피로를 풀고 가족과 함께 보내고 싶은 것은 당연한 요구였다. 그것은 일반가정이 가져다주는 최대의 행복이며 재충전의 원천이 된다.

그러나 '마을'이란 지역공동체는 무엇이고 주체는 누구인가라고 물으면 생각이 깊어진다. 마을발전이 낮에 마을을 지키는 주부들과 지역을 기반으로 사업을 하는 사람들만의 몫인가? 당연히 아닌 것이다. 이 사회가 발전해나가는 힘은 그것만으로는 부족하다고 생각하였다. 아버지로 불리고 남편으로 소개되는 남성들도 당연히 지역공동체의 주체다. 단지 직장에 매어있다보니 마음의 여유가 없고 관심을 갖지 않았을 뿐이지 '마을'에서 발생하는 모든 문제에서 결코 자유로울 수 없는 것은 당연하다. 뿐만 아니라 마을의 아버지들은 일단 마음만 잡고 해야겠다고 결심만 하면 모든 분야의 전문가가 또한 그들이었다.

이것은 더는 미룰 수 없는 중요한 문제로 제기되었다. 일단 주부회원 남편들을 만나기로 하였다. 먼저 반사사 활동을 하던 아내를 따라 함께 가입한 아빠회원을 만나 의논하였고 다른 주부회원 남편들도 만나기 시작했다.

해만 지면 술병을 들고

병원에서 진료를 마치고 해가 지면 한 사람씩 만나기 위해 회원들 집을 방문하였다. 서로 살아온 이야기에서부터 살아가는 이야기로 시작해서 반사사가 하고 있는 일을 설명했다. 함께 참여하여 우리들이 현재 살고 있고 우리 아이들이 자라고 있는 우리 마을을 정말 살기 좋은 마을로 만들어보자고 권하기도 하였다. 돌이켜 생각해보면 그때 부정적으로 대답한 분들은 아마 한 분도 없었던 것 같다. 한 번으로 못 다한 이야기는 두 번, 세 번도 만나면서 서로에 대한 이해도 깊어갔다. 서로에 대한 이해가 깊어갈수록 벗이 되었고 형님, 아우도 되었다. 정이 쌓이다 보니 그리움(?)도 깊어갔다. 어느덧 해가 지기만 기다리다 저녁만 되면 술병을 들고 오늘은 이 집, 내일은 저 집으로 뛰어가는 자신을 발견하고는 나도 모르게 변해버린 내 모습에 걸음을 멈추고 한참을 행복하게 웃었던 적이 있다.

'좋아모'의 깃발을 올리다

아버지들이 반사사에 가입하기 시작한 것은 1998년 12월부터였다. 회원이 한두 명씩 늘어나자 아이들을 데리고 등산도 하고 운동도 같이 하면서 친목을 도모하였다. 직장 때문에 주로 주말에만 활동을 해야 하는 어려운 조건에서도 꾸준히 모였다. 아빠 회원이 열 명을 넘었을 때 정식으로 모임을 만들고 이름을 정하였다.

아이들과 함께한 2005년 제2회 좋은 아버지 캠프

누군가 모임이름을 '좋은 아버지 모임'이라고 제안하였는데 다른 사람들이 한사코 반대하였다. 아직은 부족한 것이 많으니 '좋은 아버지가 되기 위한 모임'으로 하자는 것이었다. 모두들 박수를 치며 찬성하고 줄여서 '좋아모'라 부르기로 하였다. 그 달 회원소식지에 소개된 것이 1999년 11월이었다. 이렇게 아빠회원들이 공식적으로 참여하기 시작한 후 맞이한 2000년은 '좋아모'의 활동을 바탕으로 반사사가 지역 활동의 꽃을 활짝 피우던 해였다.

또 하나의 날개로 꽃을 피우다

1월에는 장산해맞이 행사를 처음으로 시작하고 2차 정기총회를 개최하였고, 2월에는 조금 더 넓은 사무실로 이사를 하고 실직 가정 돕기 결연사업을 시작하였다. 3월에는 제2회 어린이날 놀이 한마당을 동부산대학에서 처음으로 준비하였고, 4월에는 회원가족 야유회와 어린이날 행사 준비를 마무리했다. 5월 5일 '제2회 반송 어린이날 놀이한마당'이 푸른 잔디가 있는 동부산대학 운동장에서 대성황을 이루며 진행되었다.

이런 모든 활동과정에서 아빠회원들은 실력을 유감없이 발휘하였다. 특히 2월 15일에는 고촌 건축폐기물 매립장 공청회 이후 대책마련에 들어갔으며, 3월 1일 울산 활천마을 이장님을 찾아뵙고 7년 동안 계속되고 있는 폐기물 매립장 반대운동을 취재하고 조언을 구하였다. 아빠회원들은 거리집회를 비롯하여 집집마다 서명용지를 들고 주민들을 찾아뵙고 설명하여 서명을 받는 등 지역 현안문제에서 중요한 역할을 담당하였다.

뿐만 아니라 각 분야의 전문가인 아빠회원들 힘은 엄청났다. 반사사의 힘든 일은 아빠회원들 도움이 없으면 아예 진행할 수 없는 상황이 되었다. 그렇게 '좋아모'는 반사사의 또 하나의 날개로, 발전을 끌어가는 힘찬 동력으로 자리 잡았다. 힘들 때면 '이거, 거의 머슴 돌쇠 수준으로 부려먹는구먼!' 하며 푸념을 하기도 하지만 서로에 대한 믿음과 의리는 깊고 단단해졌다.

2001년 5월 마지막 일요일, 가족과 함께 편안히 쉬어야 할 휴일에 '좋아모' 회원들이 사무실에 모였다. 커다란 용지를 구해서 소나무 재선충 항공방제에 대한 홍보물과 주의사항을 적어서 반송의 여섯 개 주요 등산로(경동마을 옆, 삼정마을과 삼한마을 뒷산, 개운사 옆, 반송3동 예비군 훈련장 입구 체육공원, 성심대학 뒷산 입구)에 설치하였다. 구청에서 주민들에게 충분히 홍보하지 못해 헬리콥터 항공방제를 하는 날에도 등산을 하는 사람들이 많아 '좋아모'에서 직접 나섰던 것이다.

이렇게 당장 동네에서 해야 할 일들이 너무 많아 '좋아모'는 수시로 모였다. 거의 주마다 활동한 다음에야 활동내용을 체계화하여 한 달에 한 번 정도 사무실에서 모임을 갖기로 하였다. 또 좋은 아버지가 되기 위한 약속을 마련하기도 하였다. 2001년 6월 이후였다.

아빠노릇도 배워야 한다.

그러나 좋은 아버지는 결코 저절로 되는 것이 아니었다. 또한 각오만 있다고 되는 것도 아니었다. 어떤 모습이 좋은 아버지인지 먼저 배워서 알아야했고 실천과 꾸준한 노력이 함께 요구되었

다. 그래서 준비한 것이 '좋은 아버지학교'였다. 상, 하반기에 각
각 몇 가지 내용으로 한 달 정도 주마다 강좌를 열었다. 주제는
자녀와의 대화법, 부부대화법, 부부의 성문제 및 자녀의 성교육,
컴퓨터 강의 등이었다. 여러 사회문제에 대한 토론이 이루어졌고
아이들과 함께 하는 캠프(별자리 탐사, 바다갯벌 탐사, 들꽃 기행
등), 체험학습 등을 하기도 했다.

비정기적으로는 친목도모를 위한 등산반, 족구반, 달리기반,
탁구반 등이 스스로 만들어졌다. 달리기반이 중심이 되어 반사사
회원 20여 명이 단체로 단축마라톤에 참가하기도 하였다. 지금
도 달마다 정기적인 여러가지 활동을 하고 있는데 청소년 선도
야간자율 방범활동, 어린이 놀이터 청소, 야생화 학습장 가꾸기,
마을 각 단체들이 나누어 하는 마을청소 등이다. 또 매달 마을신
문이 만들어져 사무실에 도착하는 날은 모든 '좋아모' 회원들이
총출동하여 신문 배포에 나선다.

2005년 7월 24일, 제2회 좋은 아버지 캠프

아이들과 아버지만 참가하는 '좋은 아버지 캠프'가 양산 청소
년 수련원에서 1박 2일로 열렸다. 모두 16가족, 총 46명이 참가
하여 관광버스 한 대에 꽉 들어찼다. 짐을 풀고 식사를 하고 실내

에서 자기소개만 해도 시간이 꽤 걸렸다. 아빠가 가운데 서고 양쪽에 아이들이 서서 아이들이 자기 가족 소개를 하였다. 조를 나누고 조별로 이름도 정하고 구호를 만들어 외치며 단합을 과시한 후 '아빠와 함께하는 골든벨' 시간이 되었다. 아빠와 아이들이 등을 맞대고 줄을 지어 앉은 다음 문제를 풀었다. 아빠와 아이들이 스케치북에 각자 답을 적은 다음 들어올려서 서로 확인한다. 평소 아빠와 자녀들이 서로에게 얼마나 관심을 가지고 있는지 평가하는 문제다. 우리 아이가 몇 반인가? 담임선생님 이름은? 아이들의 몸무게, 키, 발길이는? 아이가 좋아하는 음식은? 아빠가 좋아하는 음식은? 좋아하는 TV 프로는? 가장 기억나는 여행은?

아빠와 함께하는 도전 골든벨 – 아빠가 즐겨보는 TV 프로는?

등 다양한 내용이었다. 아빠가 문제를 틀리면 아이들은 실망하고 서운해했으며 맞추면 환호성을 질렀다. 아빠들은 한 문제 한 문제 풀어나가느라 진땀을 흘렸다. 평소에 내가 이렇게 아이에게 관심이 없었나? 아이에 대해 이렇게 모르는 것이 많았나? 반성하는 계기가 되었다.

좋은 아빠가 되는 것은 정말 쉽지 않았다. 밤에는 아이들 손을 잡고 산책을 하는 '달빛산책' 시간이 있었는데 서로의 사랑을 확인하는 시간이었다. '아이들 손을 잡고 밤거리를 걸어보기는 처음이다' 라는 어느 아빠의 말처럼 신선하고 새로운 시도였다.

아이들이 엄마에게 편지를 쓰고 잠자리에 든 다음에는 아빠들만의 시간, 뒤풀이가 있었다. 처음 보는 사람도 있어 뒤풀이는 새벽녘까지 계속되었다.

다음날 아침운동으로 아빠와 손잡고 하는 축구시합을 했다. 오전에는 아이들과 함께 큰 용지에다 가정의 행복을 위해 각 구성원들이 고쳐야할 약속을 적고 발표하는 '행복나무 만들기' 시간을 가졌다. 아빠와 아이가 각자 집에서 실천해야할 구체적인 내용이 많이 나왔다. 수영장에서 다함께 하는 물놀이 시간을 끝으로 캠프는 막을 내렸다.

행사내용을 여유 있게 잘 짰다는 평가가 많이 나왔다. 아빠들은 "예전에는 아이들은 당연히 아내가 챙겨야 한다고 생각했는데 아이들 엄마가 한 사람도 참가하지 않아도 이렇게 재미있게 할 수 있다는 것을 처음 알았다", "많은 것을 느끼고 배운 캠프였다", "우리 아이들이 뭘 바라는지 좀더 깊이 알게 되었다", "반성을 많이 하였다" 등 대부분 긍정적인 소감을 말씀해주셨다.

좋아모 회원들은 대부분 자존심도 강하고 개성도 강하지만 일단 목표가 정해지면 하나같이 일치단결하여 힘을 모은다. 그 과정에서 서로 배우고 발전해왔다. 어느덧 지역공동체의 주체로 우뚝 선 좋아모 회원들이 이제는 진정 자랑스럽다.

술과 보신탕

'좋아모' 뒷이야기를 잠시 덧붙인다.

나는 이전에는 술을 그렇게 좋아하지 않았다. 이따금 과음을 한 적은 있지만 그렇게 자주 마시지는 않았다. 보통 찻집에서 커피를 앞에 놓고 이야기를 하는 것에 익숙한데 아버지들을 만나기 시작한 다음에는 찻집에서 커피를 마시는 경우가 거의 없어졌다.

'커피 한 잔 합시다' 하고 만나면 꼭 술을 주문하였다. 이젠 아예 '소주 한 잔 합시다'로 바뀌었다. 멀건 커피 값이 피(?)같은 술값보다 훨씬 비싸기 때문이기도 하지만 술이란 것이 참 묘했다. 아무리 서먹서먹한 관계라 해도 소주병이 앞에 있으면 마음도 편해지고 속에 있는 생각도 쉽게 나왔다. 술을 전혀 먹지 못하지만

음료수를 놓고 술자리에 마치 술을 마시는 사람처럼 적응을 잘
하는 회원도 있다. 마시든 마시지 않든 술은 마치 돌아가는 기계
의 윤활유 같은 역할을 하는 것 같았다. 그게 생활이 되었다. 몇
몇 주부 회원이 애교섞인 불만을 토로하였다. 좋은 아버지가 되
기 위한 모임이 아니라 술을 좋아하는 모임이 되겠다고 걱정을
하며 '남편을 돌려 달라'고 하였지만 대부분 믿음을 가지고 지지
해주었고 과한 음주는 자연스레 조절되었다.

또 대부분 아빠회원들이 보신탕을 워낙 좋아하다보니 즐겨먹
었다. 솔직히 사랑한다고 표현하고 싶다. 한때 프랑스의 어떤 여
배우가 한국의 보신탕 문화를 비판한 것을 두고 분개하여 우리의
전통 음식을 살리자고 더 자주 먹다보니 우스개로 개사모(?)라 불
린 적도 있지만 우리민족의 전통적인 음식문화를 지킨다는 자부
심(?)을 가지고 여전히 즐겨먹고 있다.

함께 떠나요 , 가족기행

여행은 누구나 하고 싶어 하는 것이지만 함께 활동하는 회원들과 아이들을 데리고 또 다른 문화를 느끼고 재충전을 하고 싶은 바람도 있었다. 당시 역사기행, 답사문화가 한창 유행하였다. 지리적으로 외곽에 치우쳐있고 경제적으로 어려운 분들이 많은 반송에서는 적은 비용으로 함께 떠나는 여행에 대한 요구가 더욱 높았다.

처음 떠난 기행, 창녕 우포늪

처음으로 가족기행을 떠나기로 하고 정한 장소가 창녕 우포늪

1998년 제1회 가족기행 – 창녕 우포늪

이었다. 홍보를 하자 금방 관광버스 한 대가 넘어섰다. 미리 답사를 할 시간이 없어 너무 많은 가족들과 함께 가기에는 진행이 어려울 것 같아 곧 2차로 준비하겠다고 설득하여 일단 버스 한 대로 출발하였다. 1998년 6월이었다.

과연 우포늪은 살아있는 거대한 자연사박물관이라 부를 만했다. 아득한 먼 옛날 조물주가 창조한 것 같은 수많은 생물들이 살아있었다. 조류, 어류, 수생식물, 야생화, 숲, 곤충, 어패류 등을 자연 그대로 전시해놓은 것 같았다. 우포늪은 작은 지구였다. 수련, 가시연꽃, 마름, 줄, 창포 등 평소 보기 힘든 볼거리가 많았지만 아이들 눈에는 잘 들어오지 않았다. 왜냐하면 황소개구리 때

고성 공룡 발자국을 찾아서

문이었다.

당시 언론에서는 외국에서 들어온 황소개구리가 우리 생태계를 교란시킨다며 아우성을 치고, 황소개구리가 뱀을 잡아먹는 장면을 특집방송으로 보여주기도 했다. 아이들은 우리 자연생태계를 지켜야한다는 애국심(?)에 불타 하루 종일 자기 키보다 훨씬 더 긴 장대를 들고 미끼를 매달아 황소개구리를 기다렸지만 결국 한 마리도 잡지 못하였다. 안내자는 며칠 전에 위쪽으로 거의 옮겨갔다고 설명해주었다. 섭섭해 하는 아이들에게는 '황소개구리들이 우리가 오는 것을 알고 미리 다 도망갔다'고 말하며 달래야 했다.

우포늪을 다녀온 후 당시 마을 신문 '반송사람들'에 실린 글을
옮긴다.

엄마, 호포읍이 뭐야?

반송2동 김경애

우포늪이 발음도 잘 안되는 일곱 살 난 딸애를 데리고 창
녕으로 향했다. 관광버스 한 대가 넘게 사람들이 타고 출발
했지만 자연을 향한 애착을 가진, 함께 살아가는 반송 사람
들이라서 그런지 금방 친해질 수 있어 좋았다.

거름냄새가 물씬 풍겨 코를 막는 아이들, 그림에서만 보
아오던 소들을 직접 만난 반가움에 즐거워하는 아이들과 함
께 양파와 마늘을 빼곡히 쌓아놓은 마을을 지나, 밭을 가로
질러 우포늪에 도착했다.

들꽃이 흐드러지게 피어있고 아이들은 실같이 가는 잠자
리떼를 쫓아 정신없이 뛰어다니고, 황소개구리를 잡느라고
자기키보다 높은 장대를 늪 속에 드리우고 숨죽여 기다리는
모습은 그림처럼 내 마음에 들어왔다. 우포에서 창포를 처
음 보았다. 한 줄기만 꺾어도 향이 온 천지를 진동하는 듯
했다. 옛날에는 창포로 머리를 감았다지. 우리 선조들의 멋
과 지혜가 새삼 가슴에 와 닿았다.

이렇게 우포늪 탐사로 시작한 가족기행은 긍정적 평가 속에 이후에도 계속되었다. 신라의 미소 경주 남산기행, 김해박물관과 김수로왕릉, 가야문화 유적지, 고성 공룡발자국을 찾아서, 금정산 들꽃(우리 꽃, 약초)기행, 장산 들꽃기행, 우포늪 재탐사, 장산 폭포사 계곡생물 탐사, 장산나무 이름 달아주기, 우리 지역의 문화유산답사, 화석박물관과 식물원을 찾아서 등이 반사사에서 진행한 가족기행 프로그램이다.

힘찬 새해를 열며, 장산 해맞이 행사

새해 첫 해오름을 위해

1월 1일 새벽 4시 30분. 반송2동 경동아파트 옆. 장산 해맞이를 위한 등산로 입구다.

아직도 짙은 어둠이 주위에 가득한 이른 새벽이다. 작은 불빛들이 하나 둘 움직이며 모이기 시작한다. 자세히 보니 사람들마다 손에 하나씩 전등이 들려있다. 멀리서 보면 사람은 보이지 않고 마치 반딧불처럼 불빛만 날아다니는 것 같다. 추워서 두꺼운 옷과 모자, 목도리로 완전무장한 사람들은 눈만 내놓고 있어 가까이 다가와도 누가 누군지 알아보기 어렵다. 목소리를 들어야 겨우 분별할 수 있을 정도다.

어느덧 시간이 다섯 시가 되었다. 사람들이 줄을 서서 간단한 다리운동, 팔운동, 스트레칭으로 준비운동을 시작한다. 새해 인사를 함께 주고받으며…….

"안녕하세요? 새해 복 많이 받으세요."

'출발!' 이란 함성을 다함께 외치고 대열은 서서히 움직이기 시작한다. 아직 잠이 덜 깬 어린아이는 엄마 손을 잡고 걷기도 하고 어둠이 무서운 듯 아빠다리에 딱 달라붙어 있기도 하다.

아직 캄캄한 새벽, 추위에 떨며 곧 떠오를 해를 기다리고 있다.

떠오르는 해를 바라보며 희망을 생각하는 반송 사람들

짙은 어둠이 깔린 산에서 좁은 등산로는 거의 보이지 않고 오직 앞사람의 발꿈치만 따라간다. 출발할 때는 여기저기 조심하란 말들이 나오다가 산자락 등산로로 접어들면 점차 말소리는 줄어들고 호흡만 가빠진다.

그리고 모두 깊은 명상에 잠긴다. 새해 첫 해를 보며 무슨 소원을 빌어볼까? 지난해에 있었던 많은 일들이 떠오른다. 기뻤던 일, 슬프고 가슴 아팠던 일. 아쉬움 속에서 서서히 새해의 목표가 정해진다. 숨이 차오를수록 새해의 목표는 어떤 어려움이 닥치더라도 반드시 달성하리라 각오도 높아진다. 한참을 가다가 뒤돌아보니 길게 늘어선 불빛들의 행진은 그야말로 장관이다.

새해를 여는 힘찬 함성

쉬기도 하면서 천천히 한 시간 반에서 두 시간 정도 올라가면 꼭대기에 도착한다.

산꼭대기 헬기장 옆에는 바다가 보이는 경사진 공터가 있다. 해운대 곳곳에서 올라온 수많은 사람으로 북적거린다. 해가 뜰 때까지가 힘들다. 겨울바다에서 불어오는 찬바람에 양쪽 뺨과 손발이 떨어져 나갈 듯 시리다. 그만큼 간절해서일까? 여명이 가시고 주위가 밝아오면 멀리 해운대 바다가 모습을 드러낸다. 바라만 보아도 반갑고 시원하다.

어느덧 첫 해에게 떠오를 때가 다 되었다는 신호를 보내는 양 꽹과리, 북 그리고 장구가 어우러져 힘찬 가락을 만들어낸다. 대형 방패연 두 개가 수많은 사람의 소원을 적은 긴 꼬리를 매달고 떠오른다. 새벽에 만든 따끈따끈한 복떡도 나누어 먹는다. 바로 눈앞에서 커다란 불덩어리처럼 불쑥 솟아오르는 새해 첫 해를 바라보는 감동은 말로 표현하기 어렵다. 떠오르는 해를 바라보며 하늘 높이 연을 날려 보낸다.

행사에 참석한 사람들은 모두 소원 한 가지씩을 적어 연에 매달았다. '하나, 둘, 셋' 하는 함성에 맞춰 연줄을 자르면 소원이 담긴 연이 멀리 멀리 날아간다. 연에 적힌 소원이 반드시 이루어지리라 믿으면서 새해에는 어떤 어려움이 있더라도 물러서지 않을 것이며 반드시 이겨낼 것이라 다짐해 본다.

석굴암 부처님의 말씀

반사사에서 장산 해맞이 행사를 처음 시작한 것은 2000년이다. 그때부터 우리 회원들은 항상 새해 첫날을 장산에서 시작하였다.

계기가 된 것은 1999년 해맞이였다. 반사사 회원 몇 가족이 조촐하게 경주에 갔다. 1월 1일 이른 새벽 토함산에 오르기 위해 숙소를 나섰다. 그런데 채 5분도 가지 못하고 도로에서 발이 묶여버렸다. 인산인해가 아니라 차산차해였다. 모든 도로는 차로 산을 이루고 바다를 이루는 듯하였다. 새해 첫날 토함산 꼭대기에서 일출을 보려면 전날 저녁부터 차를 인근에 세워두고 밤을 지새야 한다는 것이다.

우리는 결국 토함산 근처에도 못가고 차안에서 떠오른 해를 보았고 하루 종일 차막힘에 시달리다가 큰 깨달음(?)을 얻었다. '바다에서 떠오르는 일출은 우리 마을 뒷산인 장산에서도 얼마든지 볼 수 있는데 무엇 하러 여기까지 왔느냐?' 는 석굴암 부처님의 엄한 말씀이 들리는 것 같았다. 게다가 장산을 올랐으면 마을 주민들과 함께 할 수도 있는데…….

소원이 적힌 종이를 매달고 하늘 높이 날아오른 연

장산 해맞이행사는 이렇게 큰 깨달음 속에 시작되어 해마다 계속하고 있다. 행사내용도 점점 풍부해져서 산신제를 지내기도 하고, 복떡을 나누어 먹기도 하고, 풍물도 준비하게 되었다.

방패연을 제작하느라 '좋아모' 회원들이 고생을 많이 하였다. 각자 어릴 때 경험을 총동원하고 여러 도움말을 들으며 힘들게 연을 제작하였다. 학교운동장에서 날리는 연습도 여러 번 하였지만 정작 해맞이 행사 때 장산꼭대기에서는 실패하는 경우가 있었다. 많은 사람들의 절절한 소원을 적은 종이를 꼬리에 매달고 연이 솟아오르다가 곤두박질치면 참가한 분들께 너무 죄송하여 최근에는 '우리연 연구회'에 의뢰하여 제작한다. 그러나 어렵사리

대나무를 구해 자르고 다듬으면서 이렇게 해야 하느니 저렇게 해
야 맞느니 격렬한 토론 속에 연을 만들던 그때가 지금도 그립다.

■ 장산 : 

높이 634m로 부산에서는 금정산(801m), 백양산(642m) 다
음으로 높은 산이다. 산자락 주위로 해운대구의 모든 마을
들이 위치하고 있다. 반송동, 반여동, 재송동, 우동, 중동, 좌
동, 송정동 그리고 기장군이 북쪽으로 연결되어 있으며 해
운대 10경에 속하는 장산폭포와 대청공원, 안적사 등 오래
된 사찰도 있다. 해운대구의 전경을 한눈에 바라볼 수 있어
사시사철 많은 등산객들로부터 사랑을 받고 있다.

부산에서 임진각까지, 통일가족기행

어느새 성큼 다가온 통일

2000년 6월 15일 남북정상회담에서 통일의 이정표라 할 수 있는 역사적인 남북공동선언이 발표되었다. 그중 일부를 되새겨 본다.

1. 남과 북은 나라의 통일문제를 그 주인인 우리 민족끼리 서로 힘을 합쳐 자주적으로 해결해 나가기로 하였다.

2. 남과 북은 나라의 통일을 위한 남측의 연합제 안과 북측의 낮은

단계의 연방제 안이 서로 공통성이 있다고 인정하고 앞으로 이
방향에서 통일을 지향시켜 나가기로 하였다.

– 남북공동선언 중에서

남북공동선언과 함께 두 정상이 손을 마주잡고 만세를 부르는
장면은 '통일은 한순간에 이렇게 현실로 다가오는구나!' 하는 충
격과 함께 통일의 상징처럼 뇌리에 새겨지면서 한 해가 지나갔
다.

그 후 통일의 열기가 더해가던 2001년 여름, 잊을 수 없는 여
행이 있었다. 이름하여 통일가족기행.

북녘어린이 의약품보내기 운동, 단일기 판매활동, 어린이 여름
통일학교 등 통일과 관련된 활동을 계속 해왔지만 많은 사람들이
함께 통일기행을 한 적은 없었다. 역사공부와 체험활동을 위한
가족 기행은 많이 하였지만 통일을 주제로 하는 기행은 처음이었
다. 그것도 3박4일 동안 부산에서 임진각까지 다녀오는 긴 여정
이었다.

통일을 준비하자

여행일정표에 적힌 취지는 다음과 같다.

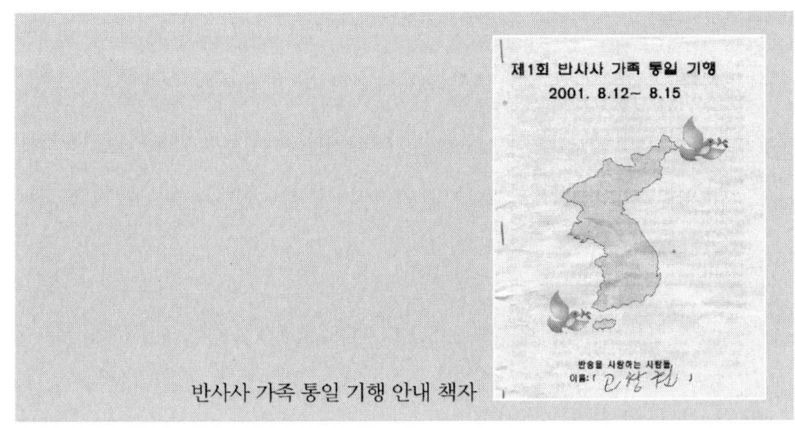

반사사 가족 통일 기행 안내 책자

앞으로 몇 년은 통일의 문을 여는 시기이며 우리 사회의 주 관심과 화두는 통일에 관한 것이 될 것입니다. 그래서 현 시기에 꼭 필요한 것은 통일에 대한 자신의 생각을 정리하고 준비할 수 있는 통일교육입니다. 아이들에게 통일세상을 물려주는 것이 우리 모두의 몫이기에 부모들의 통일에 대한 준비는 더더욱 필요합니다. 우리 아이들이 살아갈 세상은 분명 통일세상입니다. 이러한 시대에 통일교육은 책상머리에 앉아서 하는 것보다 분단의 현장을 직접 돌아보고 우리나라 구석구석을 부모님과 함께 다니면서 느껴보는 것이 아이들이 이해하기가 훨씬 쉬울 것이며 효과적이라 여겼습니다. 또한 언제나 부모님이 해주는 것이나 편안한 것에만 익숙한 우리 아이들에게 긴 여행을 통해 험난한 세상에 강하게 맞서 나갈 수 있는 강인한 정신을 심어줄 수 있는 좋은 기회가 될 것입니다.

　그러나 결코 쉽게 결정할 수 없는 여행이었다. 통일이란 주제도 무거웠고 편안하게 휴식을 취하다 돌아오는 그런 기행이 아니었다. 온 가족이 함께 움직이며 계속 야영을 해야했다. 생고생이 눈에 훤히 보이는 힘든 여행이었다. 가지 않겠다는 한 회원의 집에 거의 눌러앉다시피 하면서 며칠 동안 설득을 하기도 하였다. 회원 한 가족, 한 가족이 미리 세워놓은 여름휴가를 모두 포기하는 것은 정말 어려운 일이었다. 이런 과정을 통해 모두 한마음이 되어 마침내 실천에 옮겼다.

　회원들끼리 조금씩 여비를 모아 33인승 버스를 한 대 빌렸다. 모두 일곱 가족에 개인 참가자를 포함하여 서른 명이었다. 유치원 아이도 네 명이나 있었고 가장 어린 아이가 네 살이었다.

　부산 ~ 경산 페코발트광산 ~ 천안 독립기념관 ~ 축령산 휴양림 ~ 광릉수목원 ~ 임진각 ~ 연세대 통일대축전 ~ 부산으로 일정을 확정하였다. 생활수칙을 정하고 조편성, 역할분담을 하였다. 3박 4일 동안 열한 끼니의 식단표를 짜고 식사당번을 정했다. 총무, 식사관리, 부식관리, 물품관리, 야영준비, 약품담당, 어린이지도 등 모든 회원들이 할 일을 나누고 식사는 준비부터 설거지까지 모두 함께 책임지기로 하였다.

2001년 8월 12일 일요일 출발

한국전쟁 때 민간인 학살이 이루어진 경산 페코발트광산 갱 입구

새벽 5시. 보슬비가 살며시 내리는 동안 짐과 사람을 모두 실은 버스가 움직이기 시작하였다. 부산을 출발한 버스는 새벽길을 달려 1차 목적지인 경산 폐코발트광산에 도착하였다. 이곳은 한국전쟁이 한창인 1950년 7월 초에서 8월 말까지 약 2개월 동안 대구 경북 지역 국민보도연맹원 천여 명과 대구형무소 수감자 등 민간인 수천 명이 학살당한 곳으로 학살 후 일제시대 때 코발트를 캐내고 문을 닫은 광산 수직갱도에 시신을 빠뜨린 것으로 추정하고 있다. 2000년에 주민들에 의해 처음 발견되었고 2001년 3월 제2수평굴이 발굴되어 세상에 알려졌다. 당시 언론에 크게 보도되었던 노근리 쌍굴다리 학살과 유사한 곳이다.

경산시민모임에서 안내자가 나와 있었다. 동굴입구에서 죽은 영혼들을 위로하기 위한 묵념을 한 후 안내자의 설명을 들었다. 안내자의 요청에 따라 아이들은 남고 어른들만 신발을 장화로 갈아 신은 뒤 전조등을 들고 동굴 안으로 들어갔다. 약 30미터를 들어갔을까? 서늘한 동굴바람이 온몸을 오싹하게 만들었다. 어두운 동굴 안에서 전조등 불빛 아래 드러난 엄청난 유골더미에 입이 벌어져 다물 수가 없었다. 두개골과 대퇴골 등 수많은 뼈가 쌓여있었다. 총알구멍이 뚫려있는 두개골도 직접 확인할 수 있었다. 분단의 비극이었다. 가슴이 답답하고 무거웠다. 구천을 떠도는 수천의 영혼이 억울한 자신의 죽음을 꼭 세상에 알려달라고 외치는 듯하였다.

2005년 8월 16일부터 15일 동안 경북 경산시 평산동 폐코발트광산의 2차 유골발굴작업이 박현수 영남대 교수의 지도 아래 유족회원과 학생, 전문인력이 참가하여 이루어졌다. 60~100여 명의 것으로 보이는 유골 수백 점을 추가로 발견하였다고 한다.

천안 독립기념관

모두 무거워진 마음으로 2차 목적지인 독립기념관으로 달려갔다. 독립기념관 옆 넓은 야영장에서 텐트를 치고 기행 첫날 밤을 위한 준비를 했다. 저녁을 준비하고 아이들은 썰매장에서 미끄럼을 타고 신나게 놀았다.

그날 밤 비가 엄청나게 내렸다. 다행히 비를 피할 수 있는 대형 건물이 있어 텐트를 옮기고 억수같이 쏟아지는 빗소리를 들으며 자는 둥 마는 둥 첫 밤을 보냈다.

둘째 날 13일 월요일.

오전에는 천안 독립기념관을 관람하였다. 아이들 손을 잡고 우리나라의 근대사를 한꺼번에 둘러보느라 무척 바빴다. 독립운동을 한 수많은 선열들이 밀랍인형으로 만들어져 있었는데 마치 살아있는 듯이 우리 일행을 맞이해주는 것 같아 무척 인상적이었다.

광릉수목원. 억수같이 쏟아지던 비가 잠깐 멈춘 사이에 얼른 찰칵

축령산 휴양림의 수동계곡

독립기념관을 관람한 우리 일행이 두 번째 밤을 보내야하는 야영지는 축령산 휴양림이었다. 해가 지기 전에 야영준비를 마쳐야겠다는 생각에 버스는 빠르게 이동하였다. 그러나 무더운 여름날 시원한 휴양림에서 휴식을 취하자는 생각으로 야영지로 정한 축령산 휴양림에서 우리 일행은 또 비때문에 고통스런 밤을 보내야 했다.

축령산 휴양림은 경기도 남양주시 최고봉인 해발 879m의 축령산과 해발 825m의 서리산을 양쪽에 두고 남양주시와 가평군에 걸친 중간 분지에 있다.

의외였다. 숲 속에 있는 넓은 야영지를 생각했던 일행은 경사가 심한 비탈진 야영장을 보곤 놀라고 실망했다. 몇 곳에 떨어져 군데군데 겨우 텐트를 쳐야했다. 계곡에서 물놀이를 할 생각으로 튜브며 물안경도 가져왔는데 물도 너무 차가웠고 비때문에 물살도 급했다. 결국 물놀이를 포기할 수밖에 없었고 아이들 항의를 한참 들어야했다.

그날 역시 밤에 비가 심하게 왔다. 텐트가 모두 젖어서 얼굴을 대면 물기에 축축이 젖을 정도였다. 남자어른들은 큰 천막을 치고 평상 위에서 잠을 잤는데 한참 자다가 눈을 떠보니 허연 것이 바로 눈앞에서 날아다니고 있었다. 너무 이상해서 일어나보니 평상 아래 무릎까지 물이 차있었고 둥둥 떠다니는 것은 포천 막걸리통이었다. 깜깜해서 허연 통만 희미하게 날아다니는 것처럼 보인 것이다. 천막자락이 물주머니 역할을 하고 있었다. 천막을 들어 물을 빼자 막걸리통은 더 이상 움직이지 않았다.

광릉수목원

셋째 날 14일 수요일.

오전이었다. 우리는 경기도 포천으로 향하였다. 우리나라 최대의 수목원인 광릉수목원을 방문하여 숲과 나무를 알아보고 공부하는 차례였다. 침엽수원, 관상수원, 맹인식물원 등 열다섯 개의 전문수목원이 있고 총 2,844종의 수목이 있었다. 또한 산림박물

관은 동양 최대의 규모로서 면적이 1,400평이며 자연에 순응한 한국의 전통양식으로 설계하고 내부와 외부를 모두 국산 목재와 석재로 마감한 건물이었다. 나무에 관한 모든 것이 전시되어 있는 곳이라 아이들 교육에는 아주 좋았다.

숲길이 워낙 아름다워 일본에서 화제를 모았던 영화 〈실락원〉을 한국영화로 다시 제작할 때 이곳에서 촬영하였다고 한다. 그 숲 속을 비를 피하며 우산을 들고 둘러보니 또 다른 운치가 있었다. 하지만 안타까운 것은 비가 그치면 숲 속 시원한 그늘에서 먹으려고 준비한 주먹밥 도시락을 그냥 가지고 나와야 했다는 사실이다. 결국 도시락은 허옇게 김이 서려 밖이 잘 내다보이지도 않는 버스 안에서 꾸역꾸역 먹을 수밖에 없었다.

오두산 통일전망대

셋째 날 오후에는 빠르게 임진각을 향해 달렸다. 남북이 갈라져 버스로 갈 수 있는 가장 위쪽 휴전선까지 가보는 것이다. 민족의 통일염원을 안고 경기도 파주시 탄현면 오두산 위에 서있는 통일전망대는 남녘에서 흘러드는 한강과 북녘에서 내려오는 임진강이 만나는 곳으로 빼어난 경관을 자랑하였다. 북쪽을 망원경으로 바라볼 수도 있는 곳이었다.

원래 삼국시대부터 매우 중요한 군사요충지로 알려진 오두산성 자리는 북으로는 개성의 송악산과 남으로는 여의도 63빌딩이

임진각 자유의 다리에서 아이들과 함께 통일을 염원하며…

바라보이는 곳이다. 6·15 공동선언 이후 통일된 한반도의 미래 상을 보여주기 위해 전시실을 새롭게 단장한 것 같았다. 전시실 은 무척 붐볐는데 많은 방문객들이 통일을 기원하는 절절한 사연 을 적어 남기고 있었다.

임진각

파주시 문산읍에 위치한 임진각은 망향의 아픔을 달래기 위해 실향민들을 위한 공원으로 만든 곳이다. 우리 일행은 모두 50여 년 만에 개방된 자유의 다리로 갔다. 다리를 지나니 철조망이 앞 을 가로막고 있었다. 더 이상 갈 수가 없었다. 생생한 분단의 현장 앞에서 모두들 말이 없었다. 철조망 너머의 풍경을 한동안 바라보면서 마음이 아파옴을 느낄 수 있었다. 발걸음을 그냥 돌리기가 아쉬워 기념촬영을 하였다. 그리곤 조그만 한반도 모양의 통일연못 등을 둘러보았다.

임진각은 2005년 완공을 목표로 한창 관광지 조성공사를 하고 있었다. 공사하는 굴삭기 옆으로 철도 종단점이 있는데 여기서 기차는 더 이상 북쪽으로 가지 못한다. 경의선이었다. 비록 지금은 멈춰있지만 조만간 다시 경의선 철로 위를 통일기차가 힘차게 달려갈 것이라 모두 확신하였다. 뿐만 아니라 평양 지나 신의주, 저 넓은 광야로까지 달려갈 것이다. '경의선 타고' 노래가 들려왔다.

통일대축전, 연세대

일행을 태운 버스는 통일대축전이 열리는 연세대학교로 이동하였다. 전국 각지에서 모인 수많은 사람들 사이를 뚫고 들어가 우리 일행은 한적한 곳을 찾아 야영준비를 하였다. 큰 천막과 작은 텐트 7~8개를 치면서 모두들 기도했다. '설마, 오늘까지 비가 오지는 않겠지?', '오늘은 좀 편안히 자보자' 며 간절히 기대했다.

밥을 먹고 행사장으로 줄을 지어 가면서 우리 아이들이 그동안 배운 노래와 율동을 하니 다른 참가자들이 모두 놀란 듯, 부러운 듯 바라보았다. 행사장은 춤과 노래로 가득 차있었다. 통일을 이야기하면 무겁고 두려운 시절이 있었지만 이제 통일은 축제이고 잔치가 되어야 한다. 통일을 위해 모인 수많은 사람의 움직임과 질서정연한 모습 하나 하나가 우리 아이들에게 살아있는 교육이 되었으리라 생각한다.

개막식을 보고있는데 또 비가 왔다. 해도 해도 너무했다. 날씨가 너무 도와주지 않았다. 그날 밤 거의 잠들지 못했다. 천막에 비가 고여 새어들었기 때문이다. 말릴 틈도 없이 계속 젖어있던 천막은 드디어 빗물을 품고 아래로 내려보내기 시작했다. 천막의 직무유기였다. 천막 위에 고인 빗물을 빼내지 않으면 결국 스며들어 얼굴과 온몸으로 떨어졌다. 달밤에 체조하는 것도 아니고 잠을 자다가 교대로 일어나 장대로 천막 위에 고인 빗물을 털어내야만 하는 촌극이 벌어졌다. 통일가족기행의 마지막 밤은 이렇게 지나갔다.

2001년 8월 15일 수요일 광복절

우리 일행은 거의 눈이 퉁퉁 부은 채 광복절을 맞이했다. 감동으로 눈물이 나서 부은 것이 아니라 잠을 제대로 못자서 부은 것이다. 사흘 동안 계속된 빗속 야영생활에 온몸이 퉁퉁 불어 손가락으로 누르면 스펀지처럼 푹푹 들어갈 것 같은 착각이 들 정도였다.

광복절 기념행사를 마치고 부산으로 귀행길에 올랐다. 모두 잠에 취해 곯아 떨어졌다. 부산에 가까이 오자 아이들이 물놀이는 언제 하느냐며 물어왔다. '물놀이? 그것은 다음에……' 아이들 입이 주먹만큼 튀어나왔다. 약속을 지키느라 부산에 도착하자마자 또다시 물놀이 계획을 세워야 했다.

많은 것을 느끼게 해준 여행이었다. 처음으로 진행한 통일가족 기행은 의미 있는 활동이었으며, 기행이 우리에게 가져다 준 성과는 매우 컸다. 통일이란 무거운 주제를 놓고 짧은 기간 동안 집중해서 효과적인 방법으로 함께 체험할 수 있었다는 것이 소중한 경험이었다. 줄곧 비가 오는 악조건 속에서도 우리 모두가 단결하여 어려움을 이겨내고 무사히 기행을 마무리한 것도 소중한 성과였다. 우리는 비용을 아끼기 위해 3일 동안 텐트생활을 계속하였으며 습기가 눅눅한 곳에서 아이들을 재워야 했고 때로는 주먹밥 도시락으로 점심을 해결하였다. 그렇지만 누구도 그것을 탓하지 않았고 오히려 이럴 때가 아니면 언제 이런 경험을 해보겠느냐며 낙관적으로 받아들였다. 이런 모습은 우리가 하나로 단결하지 않았다면 어려운 일이었다. 서로가 믿지 못하고 자기만이라도, 자기 아이만이라도 맛있는 것을 따로 먹이거나 편히 재우겠다고 하지 않았으며 불평불만을 말하지 않았다. 비록 짧은 기간이었지만 사람이 목표를 분명히 하고 힘을 합쳐 달려들면 못할 것이 없다는 것이 기행을 통해 얻은 가장 소중한 교훈이었다.

화합과 단결의 구호아래
산업폐기물 매립장 반대운동

긴장이 감도는 공청회

2001년 2월 15일 오전 11시

반송2동 주민자치위원회 대회의실. 우리 마을에서 650m 떨어진 고촌리 무등골(산65번지)에 건설될 '건설 폐재류 분류처리시설 설치 및 매립에 관한 설명회'가 있었다.

이날 공청회에는 주민자치위원들과 마을 주민들이 참가해 지난 2년 동안의 경과보고를 들었고, 사업주인 S산업이 사업설명회를 하였다.

건설 폐기물 매립장은 우리 마을에서 걸어가면 10분 거리에 있는 고촌마을에 생길 예정인데 총규모 15만 4천여 평에 총매립량은 960만 톤, 작업기간은 8년 정도라 한다.

매립물은 흙, 건축 폐재류(콘크리트, 벽돌, 블록), 연탄재 등이며 시설 가동시간은 일출부터 일몰까지라고 사업주는 설명하였다. 시공사인 S산업은 지난 2년 동안 주민들의 동의를 얻기 위해 많은 노력을 해왔고 이제 더 이상 공사를 미룰 수 없다면서 공사강행 의사를 밝혀 주민들이 강하게 반발하였다. 참가한 마을주민들은 폐기물매립장이 들어설 경우 환경파괴는 불을 보듯 뻔한 일이고 엄청난 교통체증과 콘크리트를 파쇄할 때 생기는 소음, 분진, 비산먼지(특히 1급 발암물질인 석면이 가장 위험), 하천오염 등으로 주민들에게 막대한 피해를 줄 것이라 주장하였다. 주민들의 강한 반발 속에 공청회는 흐지부지 마무리되었다.

다시 떠오른 투쟁의 기억

공청회가 끝난 후 집으로 돌아오는 발걸음이 얼마나 무겁게 느껴졌는지 모른다. 5분 거리가 다섯 시간은 걸린 것 같았다. 1990년 이미 같은 위치에 산업폐기물 매립장이 들어서는 것을 반대하여 국도를 일주일 동안 차단하고 반송주민 전체가 일어섰던 투쟁

산업폐기물 매립장 설립을 반대하는 주민대회

이 마치 영화의 한 장면처럼 눈앞에 스쳐 지나갔다. 결국 부산시가 폐기물 매립장 허가를 취소함으로써 투쟁에서 승리하였지만 주민의 희생 또한 없지 않았다. 그때도 투쟁비용을 마련하기 위해 많은 주민이 주머니를 털어 기금을 냈고 투쟁과정에서 많은 사람이 다치고 구속되기도 하였다.

10여 년이 지난 지금 또다시 그 상황이 재현되어야 하는가? 오늘 공청회에서 S산업 사업주는 주민의 반대에도 불구하고 무조건 공사를 강행하겠다고 엄포를 놓았다. 공사를 강행할 날짜가 내일이 될지, 모레가 될지 알 수 없었다. 공사가 강행되면 주민들이 선택할 수 있는 것은 투쟁밖에 없다. 준비되지 않은 투쟁은 더 큰 희생을 강요하기 마련이다. 어차피 싸워야 한다면 희생을 최소로 줄이기 위해서라도 철저히 준비해야 한다. 희생을 최소화하는 유일한 방안은 주민들이 단결된 힘으로 맞서는 것이다. 주민의 단결, 여기에 모든 것이 달려있었다.

부산시로서는 당시 폐기물이나 쓰레기 정책상 새로운 매립장은 꼭 필요한 것이었다. 부산시의 요구와 업자의 이익이 일치하는 방향에서 이 사업이 2년 동안 진행되어 왔다는 것을 누구나 판단할 수 있었다. 결국은 이번 싸움의 대상도 부산시였다.

이렇게 생각하니 한편으로는 분노가 일었다. 반송사람들이 얼마나 만만하게 보였으면 똑같은 문제를 10년 만에 또다시 일으키는가? 경제적으로 어려운 분들이 많은데 얼마나 많은 사람들이 생계를 뒤로 하고 또다시 거리로 나서야 하는가? 이번 기회에 다시는 이런 문제로 주민들이 고통받는 일이 없도록, 아예 엄두를 내지 못하도록 확실하게 본때를 보여야 한다는 각오도 생겼다. 그날 밤 먼동이 틀 때까지 잠들지 못하였다.

싸우지 않고 이기는 법 – 철저한 준비

반사사에서는 15만 4천여 평의 대규모 매립장 조성계획이 가지는 문제점에 대해 면밀히 조사하기 시작하였다.

먼저 S산업에서 설명한 내용을 기초로 예상되는 공사내용을 분석하였다.

■ 일일 매립량

1) 하루 매립예상량 : 약 3300톤 [9,600,000톤÷(8년×365일)]

2) 실제 매립장에 반입되어 들어오는

예상량(재활용되는 양을 고려) : 약 3500톤

3) 15톤 트럭(실제 운반양은 약 10톤으로 본다면)으로

운반할 때 : 하루 약 350회 반입

4) 우리 마을을 지나는 15톤 트럭운행 횟수(재활용 운반차량

제외) : 왕복 하루 700회 이상

〈 98년 환경부연감 〉

■ 부산시에서 발생하여 매립하는 폐콘크리트와

토사(기타 포함)의 양

1) 하루 총 발생량 : 3000여 톤 (66% 재활용, 25% 매립)

2) 하루 총 매립량 : 약 750 ~ 800톤

※ 앞으로 건설폐기물 중 콘크리트와 토사의 재활용은

법적으로 의무화, 증가 추세로 매립되는 폐콘크리트와

토사의 양은 더욱 줄어들 전망임

■ 부산시의 산업폐기물 발생량

1) 하루 발생량 : 12,000 여 톤 (매립 예상 25% : 3000톤)

2) 지정폐기물 하루 발생량 : 281톤

여기에서 자료를 비교해보면 S산업이 하루 약 3300톤을 매립하겠다던 폐콘크리트와 폐토사 등은 하루 매립량이 많아도 약 800톤 정도이고 앞으로 계속 줄어들 전망인데 반해 부산시 전체 산업폐기물 발생량 중 하루 매립예상량이 약 3000톤으로 비슷하다. 위험한 지정폐기물까지 합치면 거의 일치한다. 이것은 무엇을 의미하는가? 허가는 폐콘크리트와 폐토사, 연탄재로 받고 부산에서 발생하는 모든 산업폐기물을 여기에 묻으려는 의도가 아닌지 의심스러웠다.

보통 오래된 건물을 철거할 때는 포크레인으로 건물을 부순 후 트럭에 실어 매립장에 쏟아 붓는다. 다음에 쌓인 건축폐기물을 분쇄기로 부수어 재활용 물질(철근, 자갈 등)을 가려내고 나머지는 매립한다. 이때 분쇄기로 부수는 과정이 8만 주민이 살고 있는 반송동에서 650미터 떨어진 곳에서 이루어지면 치명적인 환경오염과 석면먼지는 피할 수 없게 되는 것이다.

석면먼지, 일급 발암물질의 공포

석면. 1급 발암물질. 오래된 집을 부수면 석면을 포함하여 150여 가지 물질이 혼합 상태로 배출되는데 현실적으로 분리가 어렵다. 일단 포크레인으로 퍼담아 우리 마을 인근 650미터 옆에서 하루 3천 톤 정도를 분쇄한다면 마을 주민들은 미세한 석면먼지에 완전히 노출될 수밖에 없는 것이다.

무엇보다도 한참 자라나는 우리 반송 아이들을 석면먼지 속에서 키울 수는 없었다. 눈에 보이지 않는 미세한 석면먼지는 한번 몸에 들어오면 절대 빠져나가지 않고 10~30년의 잠복기를 거쳐 암을 일으킨다. 이 사실이 알려지면 반송의 미래는 없어지는 것이라 생각하였다. 과연 누가 반송에서 살려고 하겠는가?

석면에 대한 더 깊은 연구에 들어갔다. 정리된 내용을 2001년 3월 마을신문 '반송사람들' 에 특집기사로 실어 집집마다 배포하였다.

투쟁의 깃발을 들다

2월 15일 주민공청회 이후 반사사에서 본격적인 반대운동을 시작하였다. 지속적으로 함께 하는 주민들과 활동력을 키워갔다.

새벽에 출근하는 주민들에게 매립장 반대의지를 알리는 것을 시작으로 세 번 거리집회를 하였다. 이 활동으로 매립장에 관한 많은 내용을 주민들에게 알릴 수 있었다. 정말 힘든 기간이었다. 내용을 잘 모르는 주민들에게 매립장의 문제를 설명하고, 반대

■ 2월 27일 : 반송2동 버스 종점에서 아침 출근시간 '폐기물
　　　　　　　매립장 반대' 홍보물 배포

■ 2월 28일 : 반송1동 도서관 맞은편에서 아침 출근시간 홍보물 배포

■ 3월 1일 　: 울산 활천마을 이장님 방문하여 7년 동안의 폐기물
　　　　　　　매립장 반대운동의 경과 취재함

■ 3월 4일 　: 건설폐기물 매립장 설치를 반대하는 특집기사가
　　　　　　　실린 마을신문 '반송사람들'을 반송동 전역에 배포

■ 3월 6일 　: 반송2동 시장에서 서명 및 홍보활동 시작

■ 3월 8일 　: 해운대 경찰서에 집회신고

■ 3월 11일 : '매립장 반대를 위한 홍보 및 서명활동' 1차 집회를
　　　　　　　반송2동 어린이놀이터 앞에서 진행, 한 시간 동안
　　　　　　　약 700여 명 서명 참가

■ 3월 14일 : 마을의 주택과 상점을 방문하여 서명운동 전개

■ 3월 18일 : '매립장 반대를 위한 홍보 및 서명활동' 2차 집회를
　　　　　　　반송3동 시장입구에서 진행, 한 시간 약
　　　　　　　600여 명 서명참가

■ 3월 21일 : 집집마다 방문하여 매립장 반대 홍보 및 서명활동 전개

■ 3월 25일 : '매립장 반대를 위한 홍보 및 서명활동' 3차 집회를
　　　　　　　반송2동 부산은행 앞에서 진행, 한 시간 약
　　　　　　　600여 명 서명참가

서명을 받기 위해 거리로 나서는 일은 육체적으로나 정신적으로
많은 힘을 소모하는 것이었다. 하지만 폐기물 매립장이 들어와서
는 안된다는 확고한 신념이 있었기에 아이들과 함께 주말마다 열
심히 거리집회를 할 수 있었다.

흩어지면 지고 뭉치면 이긴다

폐기물 매립장을 반대하는 주민들은 그동안의 활동을 통해 부
산시에 사업신청을 한 사람은 형식상 따로 있고 S산업은 이름뿐
인 회사이며 그 뒤에는 막강한 재력으로 매립장 사업을 전문적으
로 하는 업체가 있다는 것을 알게 되었다. 또한 업계의 통설에 따
르면 매립장 사업은 이익이 많이 남아 투자액의 수십 배까지 이
익을 볼 수 있다는 것이다.

따라서 S산업이란 이름을 내걸고 고촌의 매립장을 신청한 사
람들이 엄청난 이익이 생기는 사업을 쉽게 포기하지 않을 것이
며, 오히려 반대운동을 하는 주민들이 분열하고 지쳐서 주저앉기
를 기다리고 있는 것이 분명하였다. 더 장기적이며 지속적인 반
대운동을 위한 대비가 있어야 하였다. 폐기물 매립장을 반대하는
주민이면 모두가 단결하여 힘을 모아야 했다. 반송 1, 2, 3동과
철마면 고촌마을, 안평마을까지 포괄할 수 있는 '주민대책위원

회’ 구성이 필요하였다.

3월 말쯤에는 반사사의 활동을 지켜보던 단체 ‘해송회’ 회원들이 동참하였다. 또 40여 명의 지역 주민들로 구성된 가칭 ‘폐기물 매립장반대 투쟁위원회’가 결성되었다. 그리고 5월에는 지난 시기 매립장 반대활동을 꾸준히 해온 반송2동 주민자치위원회와 힘을 합쳐 함께 활동을 해나가기로 약속하였다. 빠른 시일 내에 반송1,3동 주민대표들과도 결합하여 인근의 고촌과 안평마을 주민을 포함한 전체 주민대책기구를 꾸려 다양한 활동을 벌여나가기로 하였다.

주민들의 총단결, 출범식과 평화행진

6월 21일 반송 2동 새마을금고 3층 강당에서 고촌 폐기물 매립장 결사반대 투쟁위원회의 1차 확대간부회의가 열렸다. 집행부를 추대하고 30일 출범식과 평화행진을 만장일치로 결정하였다.

회의에서는 4인의 공동대표를 추대하고 9인의 고문단, 28인의 부위원장단, 총무단, 정책기획실, 섭외실, 홍보실, 대변인을 두었으며 모든 단체회원들을 투쟁위원으로 구성하였다. 산악자전거팀으로 이루어진 ‘기동 환경 감시단’도 만들어졌다. 그 외에도 출범식과 관련한 세부적인 내용까지 모두 완벽하게 준비하였다.

주민대회에서 반사사 아이들이 '아기다람쥐 토미' 개사곡을 힘차게 불러 많은 박수를 받았다.

2001년 6월 30일 오후 4시

전체 주민을 대표하는 '고촌 산업폐기물 매립장 결사반대 투쟁위원회'(이하 투쟁위원회)의 공식 출범식이 반송2동 공영주차장 앞에서 주민 천여 명이 모여 성황리에 열렸다. 주민자치센터까지 약 20분 정도 평화행진을 하였다. 이날 출범식에는 고촌,안평지역 연대 투쟁위원들, 반송1, 2, 3동 구의원, 구청장과 국회의원까지 참가하여 반송 주민들과 함께 반대투쟁을 해나갈 것을 결의하였다. 수많은 주민이 현수막과 구호판을 들고 구호를 외치며 마을 한가운데를 행진하였다. 이것으로 투쟁의 승패는 판가름났다.

단결된 주민의 힘을 이길 수 있는 것은 이 세상에 없다. 이미 10여 년 전인 1990년에도 우리 반송주민들은 단결하여 투쟁하고 승리하였으며 현재 2001년 6월에도 승리를 확정지었다. 1990년과 비교하면 주민들의 총단결로 손실을 최소화하고 단결의 힘을 더욱 강하게 할 수 있었다고 생각한다.

장기전에 대비, 항의방문과 건강달리기

2001년 7월 31일 6인의 주민대표단은 지역 국회의원, 시의원과 함께 부산시청을 항의 방문하였다. 당시 환경국장은 대표단의 요구에 '잘 모르겠다. 말할 수 없다. 노력하겠다.'는 답변으로만 일관하였다. 어차피 장기전을 피할 수 없었다. 투쟁위원회에서는 정기적인 회의를 계획하고 상황을 수시로 점검하며 대책을 마련하였다.

시원한 가을바람이 불던 10월 21일. 투쟁위원회에서는 폐기물매립장 결사반대와 주민단결을 위한 건강달리기 대회를 개최하였다. 반송의 환경과 생존권을 위해 폐기물매립장을 반대하는 사람이라면 누구나 참여할 수 있었다. 학교 운동장을 출발한 참가자들은 가슴에 '매립장 절대반대'란 구호를 붙이고 온 마을을 돌아오는 코스에 뛰어들었다. 우리는 주민들의 총단결을 재확인하며 장기전에 대비하여 건강유지에 힘썼다.

그러나 부산시와 S산업은 쉽게 포기하지 않았다.

고촌 산업폐기물 매립장의 사업적정통보 만료일이 2002년 6월 28일이었다. 이날까지 공사가 진행되지 않으면 사업적정통보는 의미가 없게 되는 것이다. 하지만 마지막 날에 사업주는 연장 신청을 했고, 부산시는 이를 승인하였다. 연장 신청은 향후 2년 동안 효력이 있다. 하지만 단결된 주민들이 두 눈을 부릅뜨고 지켜보고 있는 한 그 연장된 2년은 아무런 의미가 없는 마지막 몸부림이란 것을 주민도 알고 부산시도 알고 사업주 자신도 잘 알고 있었다.

주민들의 건강과 생명에 영향을 미치는 부분에 대하여 좀더 치밀하고 철저한 대책을 마련하지 못하는 것을 볼 때마다 안타까움을 금할 수 없다.

산업폐기물 매립장 문제의 심각성을 인식한 반사사 회원들은 모든 내부일정을 뒤로 미루며 투쟁의 맨 앞에 섰다. 모두 비장한 각오로 임하였다. 아이들까지 부모와 함께 참가하여 깨끗한 환경에서 자라고 싶다고 호소하였다.

화합과 단결의 구호 아래 모든 주민들이 문제의 심각성을 인식하고 함께 힘을 모았을 때보다 더 강한 힘은 없다. 따라서 싸움은 미리 예견하고 철저히 준비해야 한다. 손자병법에는 싸우지 않고 이기는 것이 더 큰 승리라고 하였다. 이것이 반사사가 투쟁의 맨 앞장에 설 때 세웠던 전략이었고 하나로 단결된 주민의 힘이 이 것을 가능하게 하였다.

부산민주시민상 수상

1979년 10·26 직전 부마(釜馬)항쟁 당시 박정희 정권의 폭압에 맞서 싸운 부산 시민들의 숭고한 뜻을 기리는 '부산민주항쟁' 22주년 기념행사가 2001년 10월 16일 다채롭게 열렸다.

오후 한시에 부산지역 시민단체 회원과 학생들이 부산역 광장에 모여 부산대와 부산국제영화제(PIFF)광장, 백산기념관, 가톨릭센터, 민주공원 등 부마민주항쟁의 유적지를 순례하는 행사를 열었다. 오후 여섯시 반, 부산 중구 영주동 민주공원 중극장에서 당시 안상영 부산시장과 송기인 부산민주항쟁기념사업회 이사장 등 각계인사들이 참석한 가운데 부산민주항쟁 22주년 기념 및 민주공원 개관 2주년 기념식이 열렸다.

이날 기념식에서 제10회 민주시민상 시상이 있었다. 부산민주
시민상은 부마민주항쟁 기념일을 맞아 민주화와 지역사회발전에
공이 큰 개인이나 단체를 선정하여 시상함으로써 민주시민의 표
상으로 삼고자 하는 것이었다. 1992년에 시작하여 10년째 계속
하고 있었다. 이 날에는 그동안 '반송을 사랑하는 사람들' 이 해
온 지역활동이 높은 평가를 받아 반사사 회원을 대표하여 회장인
내가 상을 받게 되었다.

제 10회 부산민주시민상
반송을 사랑하는 사람들 회장 고창권

귀하는 평소 반송지역을 중심으로 지역주민들의 환경, 문
화, 생활 자치권을 옹호하고 풀뿌리 민주주의를 몸소 실천
함으로써 지역운동의 모범을 보임은 물론 사회민주화와 민
족통일운동에 기여한 공로가 높으므로 부마민주항쟁 22주
년을 맞이하여 이 패와 부상을 드립니다.

2001. 10.16
(사) 부산민주항쟁 기념사업회 이사장 송기인

초등학교 때부터 상은 적지 않게 받아 보았지만 이렇게 큰 상

은 처음이었다.

일 년 전인 2000년 8월에 해운대구청에서 '반송을 사랑하는 사람들'에 주는 '칭찬합시다' 상도 받아 보았지만 느낌은 많이 달랐다.

많은 사람들 앞에서 수상소감을 말할 때는 너무 긴장해서 무슨 말을 하였는지 잘 기억이 나지 않는다. 단지 지역 활동 경험을 높이 평가해주셔서 감사하며 앞으로 더 열심히 활동하라는 뜻으로 알고 상을 받는다는 소박한 표현이었던 것 같다.

반사사의 활동이 무슨 상을 받기 위한 것도 아니었고 당시 우리보다 훨씬 더 열심히 활동하고 훌륭한 분이 네 분이나 더 수상 후보로 거론되었다는 이야기는 시간이 훨씬 더 지난 다음에야 알게 되었다. 사실 우리 사회 곳곳에서 정말 열심히 활동하는 많은 분들을 생각하면 부끄럽기도 했다.

하지만 반사사의 입장에서 보면 5년에 접어들고 있는 지역 활동이 주위로부터 긍정적인 평가를 받았다는 점에서 이 상은 큰 의미가 있었다. 반사사 회원들이 나름대로 고민하고 결정하여 진행한 많은 일이 지역을 벗어나 우리 사회발전에 이바지하는 옳은 길이었고, 올바른 방향이었다는 평가였다. 회원들은 모두 기뻐하였고 이후에도 활동을 계속하는데 큰 힘이 되었다. 그 상의 취지를 잊지 않기 위해 모든 회원들이 지금도 열심히 노력하고 있다고 확신한다.

|제3부|

풀뿌리 민주주의

새로운 도전 , 지방선거에 출마하며

풀뿌리 민주주의 실천가, 지방의원

2001년 겨울. 곳곳에서 2002년 6월 13일에 실시하는 지방선거에 대한 분위기가 높아져가는 것을 느낄 수 있었다. 반사사는 2001년 3월 행정자치부와 부산시에 정식으로 비정부시민단체(NGO)로 등록한 터라 다른 시민단체들과 교류를 많이 했다. 다른 시민단체 사람들은 나를 만나면 지방선거에 출마하라는 권유를 많이 하였다. 그들은 오랫동안 지역 활동을 한 경험을 바탕으로 기초의원에 출마하여 의정활동을 성실하게 한다면 지역발전에 더 도움이 되지 않겠느냐고 말하며 부산에서도 그런 모범사례가 꼭 필요하다고 하였다. 분명 맞는 말이었다.

우리는 주민들이 주체로 나서 주민 스스로 마을일을 함께 의논하고 해결해 나갈 때 진정한 지역발전이 가능하다고 생각해왔고 그것이 우리가 지역에서 활동을 해온 목표였다. 풀뿌리 민주주의를 실천하는 일꾼을 뽑는 지방선거에 출마하여 당선한다면 이런 활동에 힘이 실리고 도움이 되는 것은 분명한 사실이었다. 그러나 옆에서 도와주고 지지하는 것은 할 수 있겠는데 직접 후보가 되는 것을 결심하는 것은 쉬운 일이 아니었다.

반사사 회원들과 의논했다. 대부분 회원들은 공감하였지만 일부 회원들은 부정적으로 보았다. 이제 막 지역에서 뿌리를 내리기 시작하였는데 지금까지 활동해온 목적이 훼손될 수 있다는 것과 낙선하면 어려움이 더 커질 것이라는 우려였다. 정치에 대한 불신에서 비롯된 것이었다. 그러나 대부분 의견은 출마를 하자는 쪽이었다. 회원들이 다함께 힘을 합쳐서 선거에 임하자는 것이었다.

출사표를 던지며

어떻게 선거운동을 할 것인가를 두고 또한 많은 토의가 있었다.

1. 시민단체 후보인 만큼 깨끗하게 선거운동에 임한다.

2. 단체 회원들과 함께 선거를 신나게 축제의 장으로 만든다.

3. 주민들의 목소리에 귀를 기울이고 주민들이 마을의 주인으로 나
   설 수 있도록 한다.

이런 내용이 선거에 임하는 기본적인 원칙이었다.

'반송, 확 바꿉시다!' 가 주된 구호였다.

낡은 생각, 낡은 실천을 바꾸고 새로운 반송을 주민들과 함께 만들어 보자는 것이었다.

가정마다 배달되는 선거홍보물에 다음과 같이 출마소감을 밝혔다.

'제가 어린 시절부터 자라온 반송에서 의사가 되어 주민들과 함께 마을벽화를 그리고 마을신문, 어린이날 큰잔치, 노인들을 위한 봉사활동을 하며 반송을 사랑하는 마음을 키워 왔습니다. 또한 폐기물매립장 반대운동을 하면서 반송의 교통, 교육, 환경 문제 그리고 부정부패가 가득한 우리 사회의 현실을 뼈저리게 느끼게 되었습니다. 하지만 주민들과 함께 힘을 모아 해결해 나간다면 정말 못할 것이 없다는 믿음도 가지게 되었습니다. 우리 아이들이 자기가 살아가는 반송을 자랑스럽게 생각할 수 있도록 살기 좋은 반송을 주민들과 함께 만들어 가겠다는 것이 저의 굳은 결심입니다.'

마을을 확 바꾼 신바람유세단

보름 동안의 본격적인 선거운동에 들어갔다.

아침부터 저녁까지 정말 한순간도 쉬지 않고 뛰었다. 젊은 후보답게 발로 뛰어보자는 생각이었다. 회원들은 아이들을 교대로 맡아 아침식사와 등교를 책임졌다. 오늘은 이 집에서 아침을 먹여 학교에 보내고, 내일은 저 집에서 아이들을 모아 저녁을 먹였다.

회원들은 유행하는 노래의 가사를 바꾸고 노래에 맞춰 율동을 개발하였다. 이른바 '신바람 유세단'이었다. 성능 좋은 마이크를 구입하고 후보임을 알리는 이동용 현수막 하나를 간단하게 마련하였다. 선거운동 준비는 이것이 다였다. 아침부터 저녁까지 온 마을을 다니며 음악을 틀고 율동을 한 후 거리연설을 하였다.

전체적인 분위기는 매우 좋았다. '기호 다'번 고창권 후보는 마을 안 시장통에 어릴 때 살던 집도 있었고 부모님께서 오랫동안 장사를 하셨다. 그곳에서는 그냥 '통닭집 큰아들'로 불렸다. 반사사를 잘 아는 주민들에게는 '반사사 회장'이었으며 병원에서 만난 환자들에게는 '원장'으로 불렸다.

신바람 유세단이 왔다 가면 장사도 잘된다고 하면서 함께 춤도 추고 노래도 부르는 사람이 많았다. 우리는 주민들이 주는 과일, 음료수, 떡 등을 얻어먹으면서 선거운동을 하였다. 어떤 분은 들통에다 손수 만든 단술을 담아서 찾아왔다. 그분은 처음에는 부정적이었는데 후보를 만나고 유세단의 열정적인 모습을 보고 마음을 바꾸었다고 했다. 신바람 유세단의 밝은 표정과 솔직한 율동은 다른 후보의 운동원들과 확연히 구분되었다. 이런 자신감이 지역 아이들에게도 인기를 끌었다. 아이들이 먼저 '고창권 아저씨'를 알아보고 인사하는 경우가 많았다. 당시 반송에서 가장 유행했던 노래가 '떴다 떴다 비행기~'를 개사한 '떴다 떴다 고창권~' 노래였다.

우리는 주민을 믿고, 주민은 우리를 선택했다.

후보는 모두 네 명, 이중에는 우리 마을에서 구의원 3선을 지내고 4선에 도전하는 후보도 있었고 현직 새마을금고 이사장도 있었다. 모두 지역에서 오랫동안 마을일을 해오신 분으로 인지도는 '기호 다' 고창권 후보보다 훨씬 앞서 있는 분들이었다.

처음 선거운동을 시작할 때 '깨끗하게 선거운동을 하고 신나게 선거운동을 한다.'는 원칙을 세웠지만 우리 선거풍토에서는 정말 어렵고 힘든 일이란 것을 뼈저리게 느꼈다. 우리가 세웠던 원칙은 수십 년 동안 관례가 되어있는 현실과 너무 차이가 났다. 너무나 당연하게 제기되는 낡은 선거풍토 앞에 모두들 힘이 빠지기도 하고 내부의 흔들림이 발생하기도 하였다. 그러나 회의를 거듭하면서 비록 선거에서 낙선하더라도 자기 자신과의 싸움에서 절대 물러서서는 안 된다는 것, 절대로 처음 출발 때의 원칙을 포기하지 않는다는 것을 확인하며 끝까지 최선을 다하였다.

결과는 당선이었다. 그것도 압도적 표차로 당선된 것이었다. 솔직히 당선되었다는 기쁨보다도 끝까지 원칙을 포기하지 않고 자기 자신과의 싸움에서 이겨냈다는 감동이 더 컸다. 우리가 한 순간이라도 주민들을 믿지 못하였다면 자신과의 싸움에서 이길 수 없었고 주민들의 지지도 받지 못하였을 것이다. 뿐만 아니라 여러 회원들과 함께 그것을 해냈다는 것이 더 큰 감동이었다. 투표결과가 나온 6월 14일 새벽 선거본부 사무실에서는 온 동네가 떠나갈 듯한 환호와 함께 우리는 모두 울고 있었다.

모두가 후보가 되어

돌이켜보면 어려움에 부딪힐 때마다 회원들은 더 힘을 내었다. 여러 회원들이 직장일도 뒤로 하고 선거에 참여하였다. 어떤 회원은 자신의 봉고차를 내어 선거홍보차량으로 사용하도록 하였고 직장일도 미루고 차량운행이며 어려운 일을 도맡아하기도 했다. 직장에 휴가를 낸 회원도 있었다. 1주일, 심지어 그 이상 휴가를 낸 회원도 있었고 그것이 여의치 않은 회원은 직장에 지각과 조퇴를 반복하기도 하였다.

투표일 참관인으로 참가한 회원들은 선관위에서 받은 수당조차도 회식하는데 쓰자고 내어놓았다. 선거를 통해 모든 회원들이 고창권이 되었고 하나로 단결하였다.

그러나 고창권 당선자는 어떤 보상도 해주지 못하였다. 단지 기대에 어긋나지 않게 정말 열심히 일하겠다는 약속 외에는 어떤 것도 해줄 수 없었다. 지금까지 그 약속을 지키기 위해 최선을 다 해왔다고 생각한다. 아직도 그 약속을 잊지 않고 있으며 영원히 간직하기 위해 심장에 새겨놓았다.

의정활동의 시작과 의정연구회

해운대구 의원에 당선되고 2002년 7월부터 의정활동을 시작했다. 부산의 시민사회단체에서 유일하게 당선된 터라 어깨가 여간 무겁지 않았다. 항상 최선을 다해야 한다고 다짐하였지만 의회의 객관적 조건은 좋지 않았다. 그것은 우리의 지방자치 역사가 짧고 아직도 많은 부분에서 지방정부가 중앙정부에 종속되어 있기 때문이다.

민주주의와 지방자치는 맥을 같이 한다

부산여성회 주최 생활정치를 위한 의정참여단 강의를 마치고…

우리 지방자치제의 역사 속에는 많은 의미가 내포되어 있다.

한국 지방자치제는 1949년 지방자치법이 제정되었지만 곧 실시되지 않았다. 한국전쟁이 한창이던 1952년 시·읍·면의회 의원 선거와 시·도의회 의원선거를 실시함으로써 겨우 시행되었다. 그러나 임명직 관선단체장은 그대로였다. 1956년에 시·읍·면장 선거까지 실시하여 기초자치단체의 민선단체장체제가 출범했다. 이후 4·19혁명으로 이승만 정권이 붕괴된 뒤 장면 내각은 1960년 시장·도지사선거까지 실시하여 명실상부한 지방자치시대를 열었다. 그러나 1961년 5·16군사정변으로 집권한 박정희 정권이 지방자치제를 전면 중단함으로써 이후 30년간 지방자치 없는 중앙집권 시대를 보냈고, 1991년에 이르러 구·시·군의회

선거(3. 26)와 시·도의회의원 선거(6. 20)가 실시되면서 지방자치가 부활하게 되었다. 그러나 1991년에 부활된 지방자치제는 임명제 단체장체제가 존속하는 상황의 유명무실한 것이었다. 이후 우여곡절 끝에 1995년 4대 지방선거(기초의원, 광역의원, 구청장, 시장)가 동시에 실시됨으로써(6. 27) 한국의 지방자치는 새로운 출발을 맞게 되었다.

올바른 분권 없는 지방자치의 한계

지방분권이나 권력의 균등한 배분을 의미하는 지방자치는 3권분립과 더불어 민주주의를 구성하는 주요한 요소 중 하나다. 지방분권을 제대로 보장하기 위해서는 재정·사무·조직·인사·입법 등 행정 전반에 걸쳐서 중앙정부와 지방자치단체 간에 적정한 권한배분이 이루어져야 한다. 그러나 오랜 중앙집권체제 하에서의 법제도는 아직 지방자치에 걸맞게 재편되어 있지 못하다.

중앙정부와 광역시, 광역시와 기초자치구의 관계는 아직도 독립성에 비해 종속성이 훨씬 더 크다. 자치구의 독립적 법적 지위도 매우 취약하다. 현재 우리 국민이 내는 세금은 국세와 지방세 비율이 8:2 정도이다. 지방세 비중이 일본 6:4, 독일 5:5 정도인 것에 비하면 턱없이 낮다. 이런 상황인데도 지방재정확충을 위해서 국세를 지방세로 이전하는 조세체계의 조정은 아직 추진되지 않고 있다.

이런 지방자치의 한계 속에서 구(기초)의회는 주민의 대표기관 이자 의결, 입법, 감시기관으로서 지위를 가지고 지방행정에 참여한다. 자치단체의 중요한 일을 심의하고 결정하는 일을 한다. 예·결산을 심의, 확정, 승인하고, 법령의 범위 안에서 조례의 제정 및 개·폐정과 행정사무감사 및 조사권을 가진다. 이런 활동을 잘만 한다면 풀뿌리 민주주의를 발전시키는데 큰 역할을 담당할 수 있다고 생각한다.

부산시 해운대구의 현황

해운대구는 인구가 약 42만 명이다. 현재 17개 동이 있고, 곧 반여4동이 두 개로 나누어지면 18개동이 될 예정이다. 구의원은 현재 열다섯 명이다. 2005년도 예산총액은 1차 추경을 포함하여 약 1,600억 원 정도다. 재정규모, 인구, 투자개발 등에서 부산광역시의 16개 구·군중에서 최선두그룹에 속한다.

해운대구 의회는 의장, 부의장, 상임위원회로 구성된다. 상임위원회는 의회운영위원회, 기획총무위원회, 사회도시위원회로 구분된다. 기획총무위원회의 담당부서는 기획 감사실, 총무과,

문화관광과, 구세과, 시세과, 민원여권과, APEC지원단, 보건소, 반여도서관, 17개 동사무소이고, 사회도시위원회는 사회복지과, 환경위생과, 청소행정과, 지역경제과, 도시관리과, 교통행정과, 건설과, 건축과, 지적과가 담당부서이다.

상시적인 의정활동, 의정연구회

처음 의정활동을 하자마자 시작한 것은 결산심의, 행정사무감사, 본예산심의 등이다. 공부를 많이 하였다. 인구 42만 명의 행정살림살이는 쉽게 보고 넘길 내용이 아니었다. 양도 많고, 대부

해운대구의회 기획총무위원회 회의

분 처음 접하는 내용이라 며칠 동안 밤을 지새웠던 것이 어제같이 느껴진다. 회기일수는 법적으로 80일로 정해져 있었다. 의회가 열리지 않는 날은 다양한 지역행사에 참가하거나 지역현황을 파악하였다.

6개월 정도 지난 후 지속적으로 의정활동을 하기 위해 동료의원들과 의논하여 '의정연구회'를 창립하였다. 2003년 1월 16일 의정연구회 준비모임을 하고, 1월 27일 출범식을 했다. 동료의원들의 추천으로 초대 회장이 되었다. 의정연구회의 목적은 지방자치와 관련된 현안 정책과제를 연구하고 그 결과를 바탕으로 구체적인 정책대안을 마련하며 의정활동 능력을 높이기 위한 것이었다. 의사일정이 없는 목요일마다 모였다. 모일 때마다 평균 2/3 정도 참석하였는데 1년 동안 총 서른두 번이나 모임이 이루어졌다.

이런 의정연구회는 부산지역 열여섯 개 구·군 중 유일한 것이었다. 특히 4대 해운대구의회는 의원 열다섯 명 중 열두 명이 모두 초선이었는데 초기 의정활동 수행능력을 높이고 의원들끼리 화합하는데 의정연구회가 많은 도움이 되었다.

교육·복지·문화가 함께하는
좋은 학교 만들기

교육에 대한 신념

1997년 본격적인 활동을 시작하면서 지금까지 한시도 놓치지 않고 고민해 왔던 것이 우리 지역의 교육문제였다. 흔히 교육은 백년지대계라 말하듯이 몇몇 사람이 나서서 실천한다고 당장 변하는 것은 아니다. 하지만 우리 마을 청소년들이, 우리 주민들이 더 이상 교육문제로 마을을 떠나는 일은 없어야 한다는 것이 일관된 생각이었다.

필자 역시 상급학교에 진학하면서 반송출신이라는 이유로 마음의 상처를 받은 적이 한두 번이 아니다. 그 상처는 아문 듯하다가도 반송을 잘 알지 못하면서 '반송'이란 단어를 입에 올리며 무시하는 사람을 만나면 언제나 다시 재발하여 저 가슴 깊은 곳에서부터 아릿한 통증을 유발한다. 개인적으로 우리 지역 청소년들에게 이런 상처는 더 이상 물려주지 않겠다는 것이 필자의 신념이기도 하고 이 신념을 위해 일관되게 활동을 해왔다.

늘 가슴에 화두처럼 품고 살아왔지만 구체적인 고민을 하기 시작한 것은 2002년 스승의 날에 한 중학교 3학년 부장선생님으로부터 '1일 교사' 제의를 받으면서부터다.

그 선생님은 학생들이 자기가 살고 있는 마을을 싫어하고 심지어 어떤 학생들은 증오하기까지 한다며 아이들이 마을에 대한 자긍심을 가질 수 있도록 도와달라고 부탁하였다.

반사사 회원들과 1일 교사를 준비하면서 우리 지역 교육 문제에 대해 더욱 절실하게 느끼게 되었고, 지역 교육 문제를 해결하기 위해서는 지역 내 많은 시민사회단체들이 더욱 적극적으로 관심을 가져야한다고 생각했다.

한 젊은 아빠의 눈물

기초의원 후보 시절, 선거를 준비하면서 많은 사람을 만날 수 있었는데 많은 학부모들이 한결같이 바라는 것은 교육환경이 나아지는 것, 우리 청소년들이 차별받지 않고 당당하게 학교를 다닐 수 있는 것이었다. 그것은 곧 나의 바람이기도 하였다.

많은 학부모를 만나 함께 고민하고 우리 지역의 교육 문제를

같이 해결하자고 의지를 모으고, 의견을 듣고, 기록했으며 구의
원이 된 지금도 그때 만났던 많은 학부모의 바람을 실현하기 위
해 최선을 다하고 있다.

그때 많은 분을 만났지만 아직도 내 가슴에 남아 있는 것은 한
젊은 아빠의 눈물이다.

아주 젊은 아빠였는데 내 손을 잡고 눈물을 흘리면서 자기 딸
이 학교에서 특별한 이유도 없이 선생님에게 계속 매를 맞는데
학교에는 도저히 찾아갈 수 없어 답답하고 억울한 심정을 달랠
길 없다는 것이었다. 딸이 이유 없이 매 맞고 오는 것이 자신의
무능력 때문인 것 같다며 부디 구의원이 되면 가난한 학부모도
학교에 쉽게 찾아 갈 수 있고 아이들이 차별 받지 않도록 해달라
고 간절히 부탁하는 것이었다. 그 젊은 분의 딸은 우리 사무실 근
처에서 늘 보이는 아주 밝고 예쁜 아이였다. 그 분의 눈물을 아직
도 잊을 수 없다.

내일은 밥을 먹을 수 있을까

또 잊을 수 없는 것은 학교급식과 관련한 일이었다. 우리 마을
에는 초등학교가 네 개 있다. 그런데 한 학교는 1, 2학년 아이들
에게는 급식을 하지 않고 있었다. 넓은 운동장을 가운데 두고 양

쪽에 학교건물이 있고 1, 2학년 학생들이 별관을 사용하고 있었다. 그런데 급식은 조리실과 식당이 있는 본관에서만 이루어지고 있었던 것이다.

맞벌이를 하거나 낮에 일을 해야 하는 학부모의 경우에 아이들이 집에 오면 점심을 차려주어야 하기 때문에 직장을 구하기 힘들어했다. 그러던 중 2003년 초 양쪽 학교건물 사이에 체육관을 지으라고 예산이 내려왔다. 'ㄷ'자 형태로 체육관을 지을 때 건물끼리 통로를 만들어 1, 2학년까지 급식을 시행하자고 주장하였다. 또한 이 기회가 아니면 전 학년 급식은 다시 기회가 없다고 설득하였다. 모두 공감하였지만 항상 예산이 문제였다. 통로를 만들고 별관의 각 층으로 음식을 옮길 수 있는 승강기를 만들기 위해서는 예산이 모자라는 것이었다. 나는 이때 한 선생님에게서 들은 저학년 학생의 일기내용을 소개하였다.

'오늘도 밥을 못 먹었다. 내일은 밥을 먹을 수 있을까?'

이 일기 내용을 듣고 교육에 관해 무슨 논의를 더 할 수 있는가? 이 한 줄도 되지 않는 일기는 그야말로 회오리처럼 큰 충격으로 전달되었다. 최근 논의되고 있는 차상위계층의 현실이었다. 국가지원을 받기에는 조건이 맞지 않고 IMF 이후 가정은 붕괴단계에 있었다. 안타까운 현실이었다. 이 일기는 결국 교육청에까지 전달되었고 추가예산이 지원되는데 큰 역할을 하였다.

　이를 위해 많은 분들이 고생하셨다. 특히 얼마 전 정년퇴직하신 당시 교장선생님께서 많은 애를 태우셨다. 모든 분들에게 감사드린다. 요즘도 길을 지나가다 학교담장 너머 그 통로를 보면 발걸음이 그렇게 가벼울 수 없다.

교육복지투자우선지역으로 선정

　구의원에 당선되고 '교육'이라는 아주 큰 명제 앞에서 무엇을 어떻게 어디서부터 시작해야 하는가를 고민하던 2002년 12월 아

청소년 민주 시민 캠프 – 함께 할수록 커지는 우리들

주 특별한 사업을 접하게 되었다.

'교육복지투자우선지역 지원사업'이라는 아주 낯설고 긴 이름
이었는데 2년 동안 교육인적자원부에서 실시하는 시범사업이었
다. 취지는 도시 저소득지역의 학생들에게도 교육·문화·복지
전반에서 다른 지역 학생들과 똑같이 첫 출발부터 공평하게 기회
가 주어져야 한다는 것이었다. 서울 여섯 곳과 부산의 북구, 해운
대구 반송이 시범지역으로 선정되었다.

이 사업은 2003, 2004년 2년 동안 55억의 예산을 지역의 초·
중학교에 투자하는 것이었다. 이 사업계획에 따라 2003년에는
30억 원, 2004년에는 14억 원의 예산을 편성하여 반송지역 4개
초등학교, 3개 중학교, 5개 유치원, 34개 어린이집에 지원하였
다.

일부에서는 이 예산으로 성과가 뚜렷하지 않는 무형의 사업에
투자하느니 차라리 학교건물을 개선하거나 체육관이나 청소년회
관을 만들자는 의견도 제시하였다. 낡은 학교건물을 개선하고 청
소년회관을 짓는 일을 누군들 원하지 않겠는가? 그것도 중요한
문제다. 그러나 교육인적자원부의 본래 사업취지와는 전혀 맞지
않는 의견이었고 그렇게는 사업 자체를 진행할 수 없었다.

이 사업은 저소득층 지역을 대상으로 삼고 있기는 하지만 그동
안 정부가 추진해오던 무료급식이나 학비보조금 지원 등 다른 교
육복지사업과는 달랐다. 지역이 가지고 있는 물적·인적자원(복

지·문화)을 교육자원화하여 학교를 거점으로 지역을 하나의 교육공동체로 묶어내려는 특징이 있었다. 그러나 사업추진의 복잡한 경로로 볼 때 철저한 준비가 부족할 경우 관행적인 틀에서 벗어나지 못하고 형식적인 시범사업으로 전락할 위험도 공존하고 있었다. 결국 지역사회의 물적·인적자원을 어떻게, 어느 정도로 동원하여 적극적으로 참여하는가에 모든 것이 달려있었다.

학교와 지역사회의 연계가 핵심

두드리면 열린다고 했던가? 이 사업이 우리 지역의 교육문제를 획기적으로 변화시키고 발전시킬 수 있는 절호의 기회라 생각하면서 준비를 해나갔다. 먼저 지역의 교육문제에 관심이 많은 선생님을 만나고, 학부모를 만나서 교육복지사업에 대한 전반을 의논하였다. 우리 지역에 필요한 것이 무엇인지 다시 한 번 의견을 수렴하였다. 지역에 있는 복지관, 공부방 등 교육과 복지문제에 관련이 있고 관심이 있는 모든 주민과 기관이 함께 교육복지사업을 준비하기 시작했다. 또한 반사사에서는 교육문제가 지역의 가장 중요한 일이라고 생각하고 6년 동안 활동을 해온 반사사 사무국장을 실무책임자인 프로젝트조정자로 추천하였다. 한 단체에서 가장 중요한 역할을 하는 사무국장을 빼낸다는 것은 쉬운 일이 아니다. 그럼에도 불구하고 단체의 어려움은 나머지 회원들이 함께 나누자고 결심하였다.

무엇보다 중요한 것은 학교와 지역사회가 서로 연계하는 것이었다. 또한 우리 마을 청소년들이 자긍심을 가질 수 있도록 구체적인 계기를 마련하는 것이 이 사업의 핵심이었다. 그러기 위해서 학교장, 교사, 구청 관계자들을 만나서 깊이 의논을 하였고, 교육·문화·복지 세 분야로 나누어 2003, 2004년 두 해 동안 반송 지역 특성에 맞는 사업을 진행하였다.

짧은 기간, 큰 성과

짧은 기간이었지만 교육복지사업은 반송지역 교육환경을 변화시키는 많은 성과를 남겼다.

그 중 가장 큰 성과로는 첫째, 학교가 달라지고 주민들과 학생들이 변화하고 발전했다는 것을 꼽을 수 있다. 교육복지사업으로 인해 학교는 더 이상 폐쇄된 공간이 아니라 지역 공동체의 하나로, 또 열린 공간으로 자리 잡아 나가고 있다. 또한 교육청에서도 교육복지투자우선지역에 대한 관심이 높아짐에 따라 학교시설개선을 포함한 많은 지원을 아끼지 않았다. 뚜렷한 목표 없이 학교를 다니던 청소년들이 자기가 다니는 학교, 자기가 살고 있는 마

별 같은 아이들의 별난 축제, 별별축제에서 공연하는 아이들

을에 대한 자긍심을 가지게 되었으며 이로 인해 자신의 삶에 대한 주체로 우뚝 서는 계기가 되었다고 생각한다.

둘째로는 지역의 교육문제를 함께 고민하는 광범위한 교육공동체가 만들어진 것이다. 복지·자활단체 및 공부방, 학습 동아리, 시민단체, 주민자치센터까지 모두 함께 힘을 모아 각자의 영역에서 교육문제 해결을 위해 교육복지사업을 수행하고 있다. 주민들도 이 사업에 대한 관심을 많이 가지고, 학부모 참여율도 다른 어느 지역보다 높은 편이라 현재 전국의 교육복지투자우선지역 중 가장 모범적이란 평가를 받고 있다.

셋째로는 한국교육개발원의 평가 결과 학생들의 기초학력이

교육복지사업 중 가장 인기프로그램인 '청소년 농촌 활동' 에서 땀흘리며 배우는 아이들

향상되었으며, 학생들의 비행 발생빈도가 다른 지역에 비해 현격히 낮아졌다는 것이다. 이는 부산에서 반송과 함께 교육복지투자 우선사업이 진행되는 북구에서 사업 보고를 한 것인데 부산소년 보호감호소 담당자는 교육복지투자 우선사업을 시작한 후 다른 지역에 비해 비행발생률이 많이 줄었다고 보고하였다. 이로써 청소년문제를 해결하는데 지역사회의 관심이 얼마나 중요하고 큰 역할을 하는지 잘 알 수 있었다.

넷째, 다양한 문화를 직접 체험해보는 건전하고 새로운 청소년

문화가 창조되었다.

청소년들이 원하는 다양한 경험을 해 볼 수 있는 체험프로그램을 마련하였으며, 수화, 마술, 댄스, 영상제작 등 학생들의 취미와 특기를 살릴 수 있는 각종 동아리가 생겨났다. 방학동안 특별한 활동을 할 수 있는 방학문화아카데미와 각종 캠프 등을 운영해 평소에는 접해보기 어려운 각종 체험을 할 수 있도록 하였다.

캠프와 체험 프로그램은 학부모들로부터 많은 호응을 받았으며 학생들도 새로운 세상을 접해볼 수 있는 좋은 계기가 되었다. 또 세 개 중학교와 희망세상이 연계해 실시하는 농촌봉사활동과 청소년 문화축제는 반송 지역의 특성을 잘 살린 사업으로 지역에 뿌리내리고 있으며 학생참여율도 매우 높은 편이다.

흔히 시범사업의 결과를 평가하여 사업의 전망과 계획을 마련하는데 전국 여덟 곳을 선정하여 시작한 이 사업은 2005년에는 부산의 영도 동삼동지역을 포함하여 인천, 대전, 대구(2), 광주(2) 등 전국 열다섯 곳으로 확대하였다. 2008년까지 전국 40곳으로 확대해 나갈 예정이라 한다. 이미 교육복지투자우선 지역으로 선정되기 위해 교육청 내부와 지역 사이에서 경쟁이 치열하다.

‘내 아이’ 교육에서 ‘우리 아이’ 교육으로

원래 교육복지투자우선지역 지원사업은 사회적 평등을 위한
정책 중에 하나이다.

1960년대 영국에서 처음 시작하였고 1982년부터 프랑스에서
실시하여 확대한 정책이다. 각 나라에서 진보적인 정당이 집권하
였을 때 '가장 덜 가진 자에게 가장 많이 지원하자' 라는 기치 아
래 사회적 평등을 구현하기 위한 정책이었다. 학교가 교육을 통
해 못 가진 자의 계층 상승을 도와주어 사회 민주화에 기여하기
보다 오히려 학위라는 수단을 통해 가진 자의 특권을 정당화함으
로써 빈익빈 부익부, 즉 사회적 불평등을 확대 재생산하거나 정
당화시켜주는 구실을 하는 것을 극복하기 위한 것이었다.

백년지대계라 하는 교육정책을 단 2년 만에 시범 실시 후 평가
하는 것은 사실 무리한 일이기도 하다. 교육개혁의 각 주체들은
어떤 사업이든 그 본질적 의미를 깊이 이해하고 온갖 정성을 다
해 실천해야 한다. 교육개혁의 주체는 교사, 학생, 학부모(지역사
회)라 생각한다. 이중에서 지역사회의 관점에서는 학부모의 역할
이 가장 중요하다. 이는 상대적으로 학부모의 역할이 선생님과
학생의 역할에 비해 가장 약했다는 것을 반증하는 것이기도 하
다. 결국 학부모가 얼마나 학교에 관심을 가지고 참여하는가는
지역 교육문제 해결에 결정적 역할을 한다. 많은 학부모가 '내 아
이' 교육문제에서 벗어나 '우리 아이' 교육문제를 고민할 때 교

육개혁은 성공할 수 있다고 믿는다. 현재 사회적으로 학부모의 교육 참여 정도가 높아지고 실천적으로도 매우 확대되어가고 있는 모습에서 희망을 찾는다.

잘 알아야 사랑할 수 있다
학습 동아리 '우리마을 잘 알기'

모르면 애향심을 기대할 수 없다

2003년 해운대구청에서 주최한 주민자치학교가 우리 마을에서 호응을 얻은 다음 주민들 사이에서 우리 마을을 잘 알아야 한다는 생각이 많아졌다. 주민자치가 기본적으로 애향심을 기초로 한다면 자신이 살고 있는 마을을 잘 모르고 애향심을 기대할 수 있을까?

초등학교 3학년 사회과목에는 '우리 마을'에 대한 학습시간이 있다. 그러나 대부분 학교에서는 선생님들이 우리 마을에 대해 깊이 이해하지 못하는 경우가 많다. 다른 지역에 집이 있고 출퇴근하시는 선생님들이 많다보니 당연한 것이었다. 그러다보니 주로 수업진행과정이 학생들에게 마을에 대해 조사해오라고 과제를 주고 그것을 수업시간에 발표하고 공유하는 형식이다. 우리 마을에 대해 잘 알고 이를 자료로 정리하여 지역의 학생들에게 가르치면 좋겠다고 생각했다.

마침 어린 자녀가 많아 비슷한 고민을 가지고 있던 마을문고 회원들은 주민자치학교 이후 체계적인 동아리활동을 제기하고 모임을 꾸렸다. 우리 마을의 정체성을 세워 가는데 중요한 역할을 담당하는 학습동아리 '우리 마을 잘 알기'는 2003년 7월 20일 이런 취지에서 첫 모임을 가지고 출발하였다.

마을자원 조사활동과 책자발간

토요일마다 주민자치센터 동아리 방에서 모임을 가지고 우리 마을의 역사, 문화, 전통 및 물적, 인적자원을 조사하였다. 그 자료를 정리하여 '반송, 우리 마을 잘 알기'란 책자를 만 부 제작하였다. 마을 안 초등학교와 중학교에 무료로 8천 부, 주민들에게 천 부를 배포하였다. 2003년 해운대구 우수 평생학습프로그램 공모에서 가장 높은 점수로 채택되어 사업비 5백만 원을 지원받았으나 제작비는 그것으로도 조금 부족하였다.

책자에는 우리 마을의 명칭과 유래, 역사, 주민자치센터소개,
마을 안 학교소개, 시립 반송도서관, 마을의 유적, 마을의 문화축
제와 행사, 복지관, 보건소, 소방서, 우체국, 시민사회단체, 반송
천 살리기 주민네트워크, 지하철 반송선(3호선 2단계) 건설계획,
우리 마을 주위에서 흔히 보는 꽃과 나무 등의 내용이 사진과 함
께 실려 있다. 36쪽의 분량이었다. 가장 좋아했던 분들은 학부모
와 학교선생님들이었다.

엄마들이 해주는 마을 강의

그리고나서 엄마들은 학교로 진출하였다. 2004년 봄학기부터
3학년 수업시간에 선생님들을 대신하여 직접 우리 마을 잘 알기
강의를 시작한 것이다. 전체 회원들이 모두 모여 미리 강의안을
준비하고 연습하였다. 같은 시간에 몇 사람이 반마다 들어가 강
의를 하였다. 이 활동으로 동아리 회원들은 보람을 느끼고 활동
에 애착을 가지게 되었으며 어린 학생들은 우리 마을에 대해 관
심을 가지고 사랑하는 마음이 높아졌다.

동아리 회원들은 또 우리 마을 자원을 직접 체험하는 기행을
마련하였다. 초등학교마다 참가자를 모집하여 임진왜란 때 순국
한 분들의 위패를 모셔놓은 삼절사와 운송재, 보경사 용바위를

주부학습동아리 〈우리마을 잘 알기〉에서 제작한 소책자

초등 3학년 교실에서 일일교사로 수업 중인 주부학습동아리 〈우리마을 잘 알기〉

둘러보고, 석대 느티나무와 소나무 등에 얽힌 전설과 유래를 들었다. 우리 마을 주변에 자라고 있는 들꽃, 풀과 나무 이름을 알아보고, 흐르는 하천의 생태환경을 공부하며 보존활동도 펼치고 있다. 2005년부터는 달마다 한 번 주5일제 수업을 하기 때문에 학교의 요구가 더욱 높아져 역사기행, 들꽃기행으로 나누어 진행하고 있다. 역사기행에서는 기장향교, 죽성 왜성, 대변항의 대원군 척화비 등을 함께 둘러보기도 한다.

이외에도 다양한 청소년 테마 체험활동을 함께 하는데 마을주위 산에서 직접 채취한 들꽃을 말려 차를 만들어 마셔보기도 하고 산에서 따온 나무열매로 자연 염색을 해보기도 한다.

모범적인 사례로 전역에 확산되어야

2004년 해운대구 평생학습축제와 부산시 주민자치센터박람회에 참가하여 반송지역이 주민자치박람회에서 최우수상을 받는데 기여하기도 했다. 또한 동아리 자체 발표회를 하기도 하고, 2005년 광명시에서 열리는 전국 평생학습축제에 해운대구를 대표하여 참가하기도 하였다. 최근에는 학생들의 이해를 돕기 위해 자세한 영상을 담은 교육용 영상물을 제작하기 위해 노력하고 있다. 완성되면 학교에 각 학급마다 설치되어있는 영상시설을 이용하여 더 효과적인 강의가 이뤄질 것이라 생각한다.

학습동아리 〈우리 마을 잘 알기〉는 평범한 주부들이 참가하여 목표를 세우고 스스로 준비하고 연습하면서 성과를 이루어 낸 모범적인 사례이다. 풀뿌리 민주주의를 실현하는 주민자치활동을 활성화하는 데는 여러 방법이 있겠지만 이렇게 작은 동아리들이 적극적으로 참여하는 것이 얼마나 큰 힘이 되는지 잘 알 수 있는 계기가 되었다. 누구든 뚜렷한 목표를 세우고 준비하면 못할 것이 없고 사람에게는 이런 무궁무진한 힘이 있다는 것을 확인하였다. 주민들이 애향심을 높이는 데도 큰 역할을 하였다.

무엇이든 잘 알아야 느낄 수 있고 사랑할 수 있다. 그래야만 사람에 대한 믿음과 자신에 대한 자부심도 생기게 마련이다.

〈우리 마을 잘 알기〉동아리에서 제작하여 학교에 배포한 홍보물 서문에 있는 시를 옮긴다.

우리 마을을 잘 알아야 합니다.

무엇이든 잘 알아야 사랑하는 마음이 생깁니다.

우리 마을을 사랑하여야
나라도 사랑하고, 민족도 사랑하며
우리말과 모든 우리 것을 사랑하게 됩니다.

우리 마을을 사랑하여야
마을사람과 자신도 사랑하게 됩니다.

무엇이든 잘 알고 사랑할 때 자부심도 생깁니다.

우리 마을에 대한 자부심이 생기면
나라에 대한 자부심, 민족에 대한 자부심
우리말과 모든 우리 것에 자부심이 생깁니다.

우리 마을에 대한 자부심이 생기면
사람에 대한 믿음과 자신에 대한 자부심도 생깁니다.
우리 마을을 잘 알아야 합니다.

가자, 희망세상으로!
재도약의 발판마련

모임은 살아있는 생명체

모든 모임이나 단체는 생명이 있고 살아서 움직인다. 조금이라도 단체 활동을 해본 사람들은 쉽게 공감하는 말이다.

단체나 모임은 성격이나 활동내용에 따라 다르긴 하지만 회원인 사람이 존재하고 회칙이나 내규를 가지고 운영한다. 창립하는 순간부터 독립된 또 하나의 생명체로 살아 움직인다. 그 생명에 가장 큰 영향을 미치는 것은 회원이다. 그 생명력이 표현되는 것은 회원의 실천 활동을 통해서다. 실천 활동의 역동성에 따라 생명선은 상향 또는 하향곡선을 그리며 파동치면서 발전한다. 활동이 상향곡선을 그리고 있을 때 꼭대기에 도달하기 전 하향곡선에 대비해서 대책을 마련해야 한다. 이것이 지금까지 내가 지역 활동을 통해서 수많은 우여곡절 속에 온몸으로 체험한 교훈이다.

머리는 가볍고 발이 강한 체계

2000년 1월 29일 '반송을 사랑하는 사람들 제2차 정기총회'가 열렸고, 활동체계에 변화가 있었다.

약 일 년 반 동안 회원들이 원하는 대로 '함께나눔반', '나래반', '자녀교육반', '만들기반', '회원탐방' 등 다양한 소모임을 만들었다. 소모임은 반사사가 지역에서 뿌리를 내리는데 큰 역할을 하였다. 하지만 취미나 개인의 요구를 기초로 하는 소모임은 한계가 있었다. 돌이켜보면 객관적으로 중요한 사업인데도 우리가 힘이 부족해 하지 못한 일이 많았다. 이것은 반사사가 현재 해야 할 일은 많은데 그릇이 받쳐주지 못한다는 것을 뜻하였다. 더 크고 새로운 그릇이 필요하였다.

2차 정기총회에서 부서를 크게 조직부, 교육부, 문화부 세 개로 나누었다. 또 전체 활동을 총괄하는 사무처를 두어 재정관리와 대외연대사업을 맡기로 결정했다. 조직부는 체계적인 회원관리를 하면서 회원들의 어려움을 함께 나누고 도와주기로 했다.

새로 이사한 사무실 청소를 위해 모인 희망세상 회원들. 아자!

교육부는 신입회원을 교육하고 회 활동의 의의와 실천방법을 구체적으로 준비하기로 했다. 문화부는 기존에 하고 있던 소모임 활동을 다양하게 담아내기로 했다. 이후에도 여러 가지 내부사정이나 조건에 따라 체계가 조금씩 변하기는 했지만 기본내용은 비슷하였다.

항상 가장 효율적이고 실천 활동을 원활히 보장하는 체계를 만들어왔다고 생각한다. 회원들은 머리가 무거운 조직체계보다 머리는 가볍고 발이 강한 조직체계를 선택하였다. 언제나 최고의결기구는 총회다. (확대)운영위원회가 일상 활동의 중요한 정책이

나 사업을 결정하는 심의, 의결 구조지만 모두가 평등하고 가족
이 모두 참가하는 마을공동체를 추구하였다.

위기는 곧 기회가 되어

　지역 활동은 많은 시간과 노력을 요구한다. 따라서 꾸준히 활
동하는 것이 여간 어렵지 않다. IMF 이후 경제침체가 계속되자
초기에 함께 했던 많은 회원들이 생활전선에 뛰어들었다. 그러다
보니 소수의 상근자를 중심으로 일을 하게 되었다. 소수의 상근

희망세상의 '작은도서관' 활동. 아이들에게 그림책을 읽어주고 있다.

자들이 많은 일 속에서 지치는 경우가 많았다. 반사사가 정식으로 창립한 이후 7년 동안 반사사의 생명이 위험에 처한 몇 번의 위기가 있었다. 그러나 그런 위기가 닥칠 때마다 전체 회원들이 달려들어 응급조치를 하고 원인을 분석하고 정확한 진단 아래 극복을 위한 대안을 마련하였다. 그 결과 위기는 오히려 전화위복이 되어 더 큰 성장과 발전이 가능하였다.

2004년 하반기가 가장 최근에 있었던 위기였다. 수차례에 걸친 회의를 통해 회원들은 원인을 분석하고 장기적인 대책을 마련하였다. 그 대책은 다음과 같다. 첫째 활동의 폭을 넓혀 반송이라는 좁은 지역을 벗어나 다른 지역에서도 우리 활동에 공감하는 사람을 회원으로 받아들인다. 둘째 사무실을 다니기 좋은 곳으로 옮긴다. 셋째 재활용품 상설 전시 및 판매장을 마련하고 어린이 전문 도서관을 만든다.

회원들의 땀으로 만든 희망세상

2005년 1월, 구체적인 대책을 마련하여 실천에 돌입하였다. 먼저 새 사무실 장소를 물색하였다. 다니기 좋은 곳은 임대료가 비쌌다. 발품을 들인지 며칠째. 역시 두드리면 열리고 찾으면 보인다고 했던가? 큰길 옆에 있는 주공상가 2층이 거의 비어 있었다.

그곳은 개업하는 가게마다 오래 가지 못하고 문을 닫았다. 계단을 올라가야하는 것이 일반 가게가 영업을 하기에는 치명적인 약점이었다. 그러나 반사사 회원들에게는 희망을 주는 곳이었다. 이전 사무실 전세금으로 16평, 13평, 9평의 조그만 공간 세 개를 확보하고 사무실, 어린이도서관, 행복한 나눔가게를 만들기로 하였다. 2월 초 본격적인 공사에 들어갔다. '좋아모' 회원들은 실력을 유감없이 발휘하였다. 어떤 회원은 실내장식 전문가인데 설연휴를 모두 사무실에서 공사하는 데 썼다. 많은 회원이 자원봉사를 하였고 직접 공사에 참여하였다. 공사는 시작부터 끝까지 완전히 회원들의 힘으로 해결하였다. 희망은 멀리 있는 것이 아니었다. 바로 회원들이 희망이었다.

새로운 출발을 다짐하며 단체이름도 바꾸었다. 다른 의견이 있었지만 결국 바꾸기로 했다. '희망을 꽃피우는 지역공동체, 희망세상'으로 정하였다. 7년 동안 반송지역에서 활동을 해온 '반송을 사랑하는 사람들' 이름은 역사 속으로 사라지고, 많은 주민들 기억 속에 자리 잡게 되었다.

사무실 이사를 하고 행복한 나눔 가게 물품을 준비하느라 4월이 되어서야 개소식을 했다. 4월 1일 많은 지역주민들을 모셨다. 조촐하지만 희망을 엿볼 수 있는 자리였다. 나눔을 실천하는 '행복한 나눔가게'는 희망을 팔기 시작했다. 3개월이 지나자 어느 정도 수익금이 나왔다. 동네에서 어려운 학생들, 특히 한 부모 가

사무실 맞은 편 작은 공간에 마련한 '행복한 나눔가게'

정 자녀들을 네 명씩 선정해서 달마다 소정의 장학금을 지원하고
있다.

희망세상 활동내용

1. 나눔을 실천하는 행복한 나눔가게
나에게는 필요 없지만 조금만 손질하면 다른 누군가에게는 꼭 필
요한 물건을 기증받아 판매하고, 그 수익금은 지역의 어렵고 힘
든 이웃들을 후원하는 데 사용한다.

- 재활용품 상설 전시 및 판매

- 교복교환전, 어린이 알뜰 벼룩시장

- 소년소녀가장, 여성가장, 홀로노인 후원 및 도우미

2. 아이들의 공간, 느티나무 도서관 :
어떤 책을 꺼내도 아이들에게 해로운 책은 없다. 아이들을 위해
좋은 책만 고르고 골라 비치해 둔 어린이 도서관

- 필독 권장도서 비치, 대여

- 매주 토요일 책 읽어주는 날

- 책 읽는 어른모임, 가족역사기행반 운영

3. 아름다운 지역공동체 만들기

- 장산 해맞이 등반

- 마을신문 발행

- 어린이날 놀이 한마당

- 야생화학습장 가꾸기

4. 희망을 가꾸는 자원봉사활동

- 행복한 나눔가게, 어린이도서관 자원봉사

- 어려운 이웃돕기

- 농촌봉사활동

5. 민주사회의 꽃, 참여민주주의 실현

– 주민자치활동 참여

– 통일을 앞당기는 활동

– 어린이, 청소년 리더십 교실

– 교육환경개선, 지역 환경 개선활동

6. 아빠들이 만드는 아름다운 세상

– 좋은 아버지 학교

– 가족기능 강화 프로그램

– 자녀와의 캠프

희망세상 안내지를 열면 희망이 보인다.
회원 가입은 필수!

지역 활동에서 주민자치활동으로

반사사 회장으로서가 아니라 기초의원으로서 우리 마을 주민 대표로서 어떻게 활동해야 하는지 많이 고민하고 연구했다. 많은 사람들과 토론을 하면서 지역 활동을 위해 귀 기울였던 주민들 요구에서 그 답을 찾기로 하였다. 그것은 주민자치활동이었다.

과도기 불완전한 주민자치제도

우리나라 주민자치제도는 아직 역사도 짧고 경험도 부족한 초보 단계다. 우리나라에 처음 주민자치센터가 도입되는 과정을 살

펴보자. 98년 김대중 정부가 들어서고 100대 국정개혁과제로 선정되면서 주민자치센터는 행정의 효율성을 도모하고자 읍·면·동사무소를 폐지하고 이를 대체하는 것으로 추진되었다. 그러나 공무원들이 반발하고 전자주민카드가 백지화되면서 동사무소의 여유시설과 공간을 주민자치센터가 나누어 사용하는 현재 구조가 만들어졌다. 99년 전국 278개 동 시범실시를 종합평가하여 보완한 후 2000년 7월 '주민자치센터 설치 및 운영조례'를 제정하고 주민자치센터를 설치하여 운영하였다. 이제 꼭 5년째 접어든 셈이다.

도입과 실시 과정에서 여러 가지 문제점도 나타났다. 시범사업을 하면서 주민자치센터를 마치 문화여가공간이나 되는 양 좁게 해석할 수 있는 여지를 제공했다. 그것은 이후 주민자치센터의 주된 활동이 문화여가활동이 되는데 영향을 끼쳤다. 사회적 토론도 부족해서 지역사회에서 공감대를 형성하지 못했고 주민들이 적극적으로 참여하지 않는 문제점도 나타났다. 하지만 이런 모든 부족한 점들은 앞으로 더욱 고쳐나가야 한다. 그것은 주민들의 몫이다.

주민이 주인으로, 주민자치

주민자치의 의미에 대해 여러 가지 다른 생각이 있겠지만 나는
마을일을 주민들이 나서 주민들의 뜻대로 스스로 해결해가는 것
이라 생각한다. 그것은 우리가 지금까지 우리 마을에서 해온 지
역 활동과 전혀 다를 것이 없었다. 주민자치센터는 주민 스스로
가 마을 문제를 제안하고 해결해가는 주민 자치의 장이며, 살기
좋고 아름다운 마을, 정이 넘쳐나는 공동체를 만들어가는 공간이
다.

더구나 우리 마을은 주민자치위원회 위원들을 포함하여 각 단
체원들과 주민들이 다른 어떤 지역보다도 마을에 대한 애정이 높
고 화합과 단결의 정도도 매우 높다. 이는 앞에서도 설명하였지만
우리 마을의 특성과 마을의 형성과정에서 자연스럽게 생겨났다.
그리고 지역현안문제에 힘을 모아 함께 대응해온 역사 속에 축적
된 지역사회의 힘이다. 결국 주민자치는 지역주민을 주인으로, 주
체로 나서게 하는 것이며 구의원은 주인의 뜻에 따르는 마을일꾼
일 뿐이다. 모든 일을 진행할 때는 장점을 앞세우고 부족한 점을
극복하기 위한 방향으로 나가야 한다. 반송지역의 장점인 주민들
의 높은 화합과 단결을 발전 동력으로 하여 지역의 약점인 교통,
교육, 문화, 경제 문제를 해결해야 한다고 생각하였다.

언젠가 부산의 한 여성단체에서 주최한 '의정참여활동을 위한
초청강연회'에 나간 적이 있다. 강연을 하다가 참석자에게 이런

질문을 하였다.

"현재 우리나라의 주민자치가 어느 정도라고 생각하십니까?"

후하게 점수를 줘도 15~20%정도 수준이라고 답하는 사람이 가장 많았다. 물론 주민자치에 대한 각자의 견해와 기준 차이도 있겠지만 우리가 상식적으로 알고 있는 주민자치의 현 주소를 어느 정도 짐작하게 하였다.

이어 이런 질문을 던졌다.

"그렇다면 만약 주민자치의 수준이 약 70% 정도를 넘어서면 우리사회는 어떤 모습이겠습니까?"

답하는 사람은 별로 없었다. 하지만 그것은 몰라서가 아니라 너무 많은 생각이 머리에 떠오르기 때문인 듯 다들 표정이 밝아 보였다.

부산에서 하나뿐인 조례로 개정

먼저 해운대구 주민자치센터설치 및 운영조례를 면밀히 검토하였다. 행정자치부에서 내려온 기본안을 토대로 제정한 후 거의 변화가 없는 상태였다. 일단 관심 있는 주민들이 쉽게 참여할 수 있게 하기 위해서는 공개모집이 필요하였다. 또 지역에서는 주부들이 많은 역할을 하기 때문에 여성참여가 필요하였다. 25명의

주민자치위원 중 1/3은 공개모집으로 위촉하고 여성참여를 1/3
로 보장하고 실질적인 활동을 위해 분과위원회를 구성하는 것을
골자로 조례개정을 발의하였다.

흔히 사람들은 사석에서 의정활동을 잘하는지 물으면서 조례
제정이나 개정 건수를 묻는다. 사실 조례 제·개정은 의회의 중요
한 기능 가운데 하나다. 실제로 많은 조례를 제·개정하고 있지만
의원 발의로 조례 제·개정을 하는 건수는 적은데 그것은 제도적
한계 때문이다. 올바른 지방분권 없이 중앙집권적 행정체계에 속
해있는 지금의 현실 속에서는 아주 힘들다. 그나마 법령의 범위
안에서만 조례 제·개정이 가능하도록 규정하고 있다.

2003년 10월 16일 많은 어려움 속에 '부산광역시 해운대구 주
민자치센터설치 및 운영조례 개정안 (조례 제683호)'이 본회의
에서 통과되었다. 많은 동료의원들의 협조가 있었기 때문에 가능
하였고 조례를 개정하는 것이 얼마나 힘든 것인지 깊이 체험하였
다. 그 결과 우리 해운대구 조례에는 다음의 내용이 추가되었다.

전체 위원의 1/3이상을 공개모집으로 위촉하고 특히, 여성위원의 참여를 적극
장려하여 전체 위원의 1/3 이상이 되도록 노력하여야 한다.

위원회 내에 지역특성과 형편에 따라 필요한 분과위원회를 두며, 위원장과 고
문을 제외한 전 위원은 하나의 분과위원회에 참여한다.

다양하고 모범적인 실천 활동 창조

　다음으로 실천적인 모범사례가 있어야했다. 다른 지역에서 본받고 배울 수 있으며, 많은 시행착오와 우여곡절 속에 만들어지는 실천적 모범사례는 그 자체가 산 교과서다.

　마을에서 가장 화합과 단결의 구심점이 되어야 하는 법적 조직이 있다면 그것은 '주민자치위원회' 라 생각한다. 주민자치위원회를 중심으로 화합하고 단결해야하며 마을의 모든 일은 여기에서 의논해야 한다. 주민자치위원회와 긴밀히 의논하여 우리 마을에서 필요한 일들을 하나하나 파악하고 해결하기로 하였다.

주민자율활동의 하나로 시작한 마을 청소

제일 먼저 시작한 것은 '공공시설 자율관리봉사단' 활동이다.

주민자치센터가 생기자 동사무소에서 맡았던 마을청소업무가 모두 구청으로 옮겨갔다. 게다가 쓰레기종량제까지 실시하다보니 마을 구석구석에 불법투기가 발생하고 마을청소가 제대로 되지 않았다. 이제 이 일은 정말 주민들 스스로가 나서서 해결해야 했다. 주민자치위원회에서 이 문제를 제기하였다. 많은 토론 뒤에 지역의 공공시설이라 할 수 있는 버스정류장, 도로, 골목, 체육공원, 손길이 가지 않는 비탈진 경사지, 화단 등을 마을의 16개 단체가 나누어서 책임지고 관리하기로 했다. 한 달에 한 번 마지막 일요일에는 모두가 참여해서 대청소를 하기로 했다.

2004년 1월 15일 주민 수백 명이 참석한 가운데 발대식이 열렸다. 이 활동은 지금까지 계속하고 있다. 모든 일은 항상 처음 시작하는 마음으로 꾸준히 하는 것이 중요하다. 일요일 아침 오랜만에 늦잠에 빠져보고 싶을 때 몸을 일으켜 나오는 것은 어려운 일이다. 모두들 잠에서 금방 깬 표정이지만 편한 복장으로 비를 들고 휴지를 줍는 모습은 무척 아름답다.

다음은 주민자치학교와 토론회다.

주민자치제도를 도입할 때 부족한 것 중 하나는 동정자문위원회와 주민자치위원회가 잘 구분되지 않았던 것이다. 지역사회에서 주민자치제도에 대한 공론화를 통해 폭넓은 의견수렴을 하고,

사회적 토론을 충분히 했다면 주민들이 스스로 참여했을 텐데 그런 과정이 없었다. 늦었더라도 이를 극복하기 위해서는 주민자치 제도의 위상과 역할에 대해서 올바로 이해해야 한다.

2003년에 평생학습센터에서 주관하여 주민자치학교를 열었다. 주민들이 많은 호응을 해주었고, 이후에는 스스로 주민자치학교를 열고 있다.

또한 주민자치위원과 마을의 각 단체 간부들은 정기적으로 지역발전에 대해 논의하는 토론회를 한다. 특히 주민자치위원회 임기가 새롭게 시작하는 9월에는 신입위원들이 많이 참석하여 지나온 활동을 평가하고 향후 활동계획을 토의한다. 또 해운대구가 교육인적자원부의 평생학습도시로 지정된 후 평생학습관련 사업을 알차게 운영하고 있는데 주민자치센터는 지역의 특성을 반영한 평생학습의 거점으로 중요한 역할을 한다.

그밖에 주민자치센터의 문화여가 프로그램에 참여한 주민들이 그동안 배운 것을 선보이는 발표회를 열기도 하고, 한 해가 가는 12월에는 모든 단체가 참여하는 합동송년회를 하기도 했다. 그리고 지역특성을 살린 '담안골문화축제'도 시작했다. 여기에 '반송을 사랑하는 사람들'과 학습동아리 '우리 마을 잘 알기'도 참여해서 주민자치역량을 높이는데 기여하였다.

주민자치박람회에서 최우수상 수상

이렇게 다양하게 활동한 결과 우리 마을은 2004년 말 자치행동21에서 주최하고 부산광역시에서 후원한 주민자치박람회에서 최우수상을 수상하였다.

부산시청 대강당에서 정연석 주민자치위원장께서 최우수상을 수상할 때 감정이 북받쳐 쏟아지는 눈물을 참느라 애를 먹었다. 반송이 어떤 곳이었던가? 부산시의 철거이주정책으로 집단으로 옮겨와 허허벌판과 같은 곳에서 모두가 소매를 걷어붙이고 열심히 살아온 곳이다. 비록 넉넉하진 않았지만 사람 사는 정이 넘치는 곳이다. 하지만 일부 사람들은 껍데기만 보고 마을을 쉽게 평가절하하였고 많은 주민들은 교통이나 교육 때문에 마을을 떠나야 했다. 이로 인한 소외감은 마음의 상처로 남았다.

그러나 그곳에 남아 지금까지 살고 있는 사람들은 이제 자신의 삶의 주인으로, 마을의 주인으로 당당하게 나섰다. 적어도 그 순간만큼은 우리 마을이 부산에서 최고였고 그것을 공식적으로 인정하는 자리였다. 속으로 수없이 눈물을 삼켰지만 참으로 행복하였다. 마을수준을 평가할 때 여러 가지 기준이 있겠지만 사회가 발전할수록 주민자치의 정도가 중요한 잣대로 작용할 것이라 생각한다.

부산시 주최 주민자치활동 사례발표에서 반송2동이 최우수상을 받음

주민자치는 풀뿌리 민주주의의 꽃

　어느 정도의 자치역량이 마련되면 지역의 많은 일은 주민들이 스스로 나서서 판단하고 해결한다. 우리 마을에서는 그 역할을 주민자치위원회를 중심으로 모든 단체들이 참여하여 훌륭하게 수행하고 있다. 한가지 예는 '청소년선도 자율 방범활동'을 시작한 것이다.

　2005년에 들어서서 사회적으로 크게 문제가 된 것이 학교 안 폭력문제다. '일진회'라 불리는 학교 안 폭력모임이 떠들썩하게

청소년선도 자율 방범활동

언론에 등장하더니 학내경찰제를 시범 실시하기에 이르렀다. 학교와 경찰, 검찰 등에서 청소년 선도 대책을 세우느라 고심할 때 우리 마을에서도 지역사회가 앞장서서 학교문제에 관심을 가져야 한다는 의견이 제기되었다. 주민자치위원회에서 '청소년선도 자율 방범단'을 구성하여 주마다 금요일 저녁 9시부터 자정까지 마을을 순찰하기로 하였다. 주민자치위원회를 중심으로 마을의 모든 단체원을 네 조로 편성하였다. 여성단체들은 낮에 초등학교와 중학교 하굣길을 위주로 하고 다른 단체들은 밤에 학교주변과 공원 등 어둡고 인적이 드문 곳을 돌기로 했다. 청소년들이 쉽게 모일 수 있는 곳을 다니며 지금도 청소년 선도활동을 하고 있다.

조별로 약 스무 명의 주민들이 참여하는 '청소년 선도활동'은 보기만 해도 마음이 든든하다.

10년, 20년 후 지역의 미래를 설계하자

'반송을 세우자' 와 반송발전 100대 실천사업

2005년 4월부터는 〈반송을 세우자〉라는 지역사업을 전체 주민들의 참여사업으로 추진하고 있다. 우선 마을의 이름이면서 지역의 상징인 소나무 '반송' 이 사라져 가는 현실을 안타깝게 여긴 지역주민들이 작은 정성을 모았다. 사시사철 푸르고 든든한 모습으로 우뚝 서있을 '반송' 을 심기로 하였다. 그 일을 시작으로 각 단체, 통, 아파트 등에서 선정한 '반송발전 100대 실천사업' 을 추진하고 있다. 이는 반송의 10년 후, 20년 후의 발전한 모습을 그려보고 이를 단계적으로 실현하기 위해 구체적인 실천목표를 세우는 것이다.

한 마을에서 주민들의 힘을 모아 이런 일을 추진하게 된 배경에는 앞으로 우리 반송의 발전전망이 매우 밝기 때문이다. 지역의 가장 큰 문제였던 교통문제는 반송로 확장, 지하철 반송선 건설, 석대천변 도로정비, 반송·정관 간 도로개설, 부울고속도로 건설 등으로 획기적으로 변할 것이다. 수영장, 헬스장 등의 시설을 갖춘 반송복지타운을 만들고, 석대에 생태가족공원이 생기면 반송은 정말 살기 좋은 마을, 흔히 말하는 웰빙, 전원도시로 거듭날 것이다.

'반송을 세우자' 사업의 하나로 아름다운 가로벽면 조성사업 제막식을 하고 있다. – 반송 2동 복개도로

아름다운 마을 만들기-야생화 학습장

　이런 조건에서 한 가지 사업을 마친 다음에야 새 사업을 준비하는 식의 방법은 반송 주민들의 성에 차지 않는다. 건물을 지을 때도 각각의 공정을 하나씩 설계하고 공사하지는 않는다. 전체적인 설계도가 필요하듯이 지역 활동도 마찬가지다. 반송 발전의 10년 후, 20년 후 전체 설계도를 그리고, 종합적이고 전면적으로 사업을 해나가야 한다. 물론 1단계인 10년 후 목표와 2단계인 20년 후 목표를 세우는 것은 쉬운 일이 아니고 한두 번의 공청회를 해서 해결할 일도 아니다.

　처음 가진 공청회에서는 이 사업의 의미와 목표를 전체 주민들과 공유하는 것이 목표였다. 그 결과 주민 한마음 운동, 지역 공동체 운동, 지역 알리기 운동, 참여 실천 문화 운동 등 네 가지 분야로 나누고 각각 추진해야하는 당면 사업을 설정하였다.

어느 것 하나 쉬운 일은 없었지만 '아름다운 거리벽면 조성사업'은 주민들의 힘으로 이미 일단락되었다. 가로등에 꽃 화분 달기, 한 가정 한 화분 나누기 사업도 이미 성공적으로 진행했다. '반송 세우기 문화축제'는 '한여름 밤의 문화거리축제'란 이름으로 바뀌었고, 많은 주민들이 참석해서 맥주와 음악과 시와 연극을 즐기는 새로운 형태의 축제로 탄생하였다.

앞으로 반송세우기의 '반송발전 100대 실천사업'은 더 많은 주민이 참여하여 토론을 통해 구체적인 사업을 설정할 것이고, 실천과 더불어 완성해 나갈 것이다.

2005 전국 주민자치센터 박람회에서 최우수상 수상

제5회 전국 주민자치센터 박람회가 올해는 10월 11일부터 3일 동안 진주에서 열렸다.

현재 전국에는 약 2,500여 곳에 주민자치센터가 설치되어 있는데 이번 박람회에는 각지역에서 우수한 활동을 하고 있는 171개 주민자치센터가 참여하였다.

'주민의 힘으로 주민자치시대를 열자'라는 목표로 경남 진주

시와 (사)열린사회시민연합이 주관하고 행정자치부가 후원하는 박
람회는 주민자치센터의 자치기능을 강화하고, 지난 5년 동안의
활동을 평가하며 향후 발전 전략을 모색하는 계기를 마련하기 위
한 것이었다.

　반송2동 주민자치센터는 지난 4월부터 '반송 발전 100대 과
제'를 선정해 실천하는 등 반송을 살기 좋은 마을로 조성하기 위
한 주민 참여 프로그램을 체계적으로 운영한 점에서 높은 평가를
받아서 종합운영부분에서 최우수상을 수상하였다.

　전국에서 최우수상!

　정말 감격적이었다. 멀리 진주에서 전화선을 통해 들려오는 최
우수상 수상 소식에 갑자기 눈앞이 흐려지고 감정이 북받쳐 오르
는 걸 참지 못하였다. 나만 그런 것이 아니라 우리 반송 지역 주
민들은 누구나 다 그랬을 것이다. 지난 수년 동안 반송에서 활동
해오면서 겪었던 수많은 어려움들이 한순간에 녹아내리는 것 같
았다.

　반송은 지난해 부산시 주민자치박람회에서 최우수상을 받았는
데 이제는 전국 박람회에서까지 최우수상을 받았으니 누가 뭐래
도 명실 공히 주민자치의 중심으로 자리 잡게 된 것이다.

　이제 남은 것은 10년 후, 20년 후 반송의 미래를 설계한 '반송
세우기' 운동을 꾸준히 전개해 나가는 일이다. 뿐만 아니라 지금

2005 전국 주민자치센터 박람회에서 최우수상 수상

까지 활동해온 〈공공시설물 자율관리봉사단〉, 〈청소년 선도 주민 자율방범활동〉, 〈주민자치센터 프로그램 및 동아리활동 발표회 개최〉, 〈주민자치학교 개설, 운영〉, 〈주민자치위원회 및 마을지도자 수련대회〉, 〈우리들꽃 사랑 문화운동 추진〉, 〈꿈나무 물주기 후원〉, 〈반송2동 단체 사업보고회 및 합동 송년의 밤 개최〉 등의 여러 가지 활동에 더 힘을 쏟아야 한다.

앞으로 주민자치위원회에서는 전국의 자치문화센터와 교류를 활성화하고, 광역적 네트워크를 구축하여 우수사례를 다른 지역과 적극적으로 공유해 나갈 것이다.

2005년 반송동 주민자치센터와 희망세상을 방문한 일본 치바대학 나가사와 교수와 학생들

수십 년 차이를 뛰어넘는 비결

2005년 8월 30일 일본 치바대학의 사회학과 나가사와(長澤成次)교수가 논문을 준비하는 대학생 8명과 함께 우리 주민자치센터를 방문하였다. 한국의 주민자치센터 현황을 파악하고 자료를 수집하여 일본 공민관과 비교분석하는 것이 방문 목적이었다. 우리는 주민자치센터 운영현황을 설명하고 오랫동안 토론하였다. 방문한 일본인들의 질문이 매우 구체적이고 핵심적인 내용이라 인상 깊었다. 나가사와 교수는 우리 주민자치센터가 '60년의 역

사를 가진 일본 공민관에 비해 5년 정도로 짧지만 훨씬 더 힘 있는 활동을 벌이고 있는 것 같다' 고 소감을 말하였다. 정확한 표현이라고 생각한다. 바로 그 힘은 화합하고 단결하는 주민에게서 나오는 것이다. 한마음으로 단결한 주민의 힘은 수십 년이란 시간 차이를 뛰어넘는 원동력이다.

지금까지 반송주민들이 결심하여 이루지 못한 것이 하나도 없다. 앞으로도 그럴 것이다. 화합과 단결로 뭉친 주민들의 힘은 무궁무진하다. 사람들은 보게 될 것이다. '반송' 이란 조그만 마을이 어떻게 주민자치의 꽃을 활짝 피우는지 분명히 보게 될 것이다.

글을 마치며

이 글은 서문에서도 밝혔듯이 지난 9년 동안 지역에서 했던 자치활동의 중간보고서다.

글을 쓰면서 가장 어려웠던 것은 대부분의 일이 아직도 '진행 중'이라는 것이다. 따라서 쉽게 결론을 내릴 수 없는 경우가 많고 중요한 내용이 빠져있는 미완성의 글이다.

그러나 지난 9년 동안 반송이란 작은 마을에서 진행되었던 지역 활동과 주민자치 활동을 통해 현재의 풀뿌리 민주주의를 되돌아보는 계기가 되기를 간절히 희망할 뿐이다. 민주주의는 한순간의 법률이나 제도를 마련하는 것으로 이루어지는 것이 아니라 실천을 통해 꾸준히 체험하고 훈련하는 과정에서 완성된다고 생각한다. 그런 면에서 지역은 그 실천과 훈련의 장으로 손색이 없다.

지난 활동을 통해 주민이야말로 지역의 주인이며 주체라는 단순한 진리를 새삼 확인하였다. 지역의 주인인 주민의 단결된 힘은 끝이 없으며 주민이 결심하면 못할 것이 없다는 것도 가슴속 깊이 새기게 되었다.

지역 활동은 이론이나 말보다는 발로 먼저 뛰는 것이었다. 그리고 아무리 사소한 일이라도 필요하고 옳은 일이면 꾸준히 끈기를 가지고 진행했다. 그 과정에서 생긴 수많은 시행착오와 우여곡절이 오히려 우리를 더 강하게 단련시켰다. 항상 돈이 부족했지만 그것 때문에 활동을 포기한 적은 단 한 번도 없다. 결국은 사람이었다. 가장 어려웠던 것도 사람 때문이었고 가장 힘이 날 때도 사람 때문이었다. 희망은 곧 사람이었다.

우리보다 앞선 경험으로 훨씬 더 모범적인 실천을 한 곳이 많은데 부끄러운 이 글을 감히 내놓기로 결심한 것은 지역의 특성을 반영하여 우리 주민들이 지금까지 만들어온 과정이 결코 쉽지 않았고 그만큼 소중했기 때문이다.

글쓰기를 하는 동안 옆에서 격려해주신 많은 분들에게 감사의 인사를 전한다.

2005년 10월 15일 진료실에서

고창권

반송 사람들

초판 1쇄 발행 2005년 10월 31일
개정판 1쇄 발행 2026년 3월 27일

지은이 고창권
펴낸이 강수걸
편집 강나래 이선화 이소영 오해은 이혜정 박재화 이채연
디자인 권문경 조은비
펴낸곳 산지니
등록 2005년 2월 7일 제333-3370000251002005000001호
주소 부산시 해운대구 수영강변대로 140 BCC 626호
전화 051-504-7070 | 팩스 051-507-7543
홈페이지 www.sanzinibook.com
전자우편 sanzini@sanzinibook.com
블로그 http://sanzinibook.tistory.com

ISBN 979-11-6861-608-0 03330